Juliane Israel

Glücksorte in und um Jena

Fahr hin & werd glücklich

Dieses

Glücksbuch

ist für

Liebe Glücksuchende,

Es macht einfach glücklich …
durch eine Stadt zu bummeln, am besten mit viel Zeit, ihre bekannten und weniger bekannten Ecken zu entdecken, Neues auszuprobieren, sich treiben zu lassen und zwischendurch immer mal wieder irgendwo eine kulinarische Pause einzulegen – sei es, um auszuruhen oder sich bei kaltem Wetter aufzuwärmen. Das Gute ist: Es ist dabei egal, ob man die Stadt schon kennt oder zum ersten Mal da ist. Es gibt immer wieder anderes zu entdecken.
Ich kannte Jena bereits, habe hier studiert, und mein Mann ist Jenenser. Und trotzdem habe ich bei der Recherche für das Buch so viel gelernt und neu entdeckt, dass ich Jena und die herrliche Umgebung einmal mehr liebe. Mit den sanften Hügeln und dem studentischen Flair fühle ich mich hier sowieso immer wie im Urlaub.
Und nun – viel Spaß beim Erkunden von Bergen und Türmen, Gärten und Parks, Kneipen und Cafés, Kuriosem und Verzaubernden im wunderschönen Jena.

Ihre Juliane Israel

Deine Glücksorte ...

... noch mehr Glück für dich

"Glück

Im Dornröschen-Glück

1 Zur Rosenblüte in den Dornburger Schlössern

Auf dem Felsplateau von Dornburg, 13 Kilometer nordöstlich von Jena, thront nicht nur ein Märchenschloss hoch über dem Saaletal, sondern es sind gleich drei. Das große grau geputzte „Alte Schloss", das weiß getünchte Renaissance-Schloss und das gelb-rosafarbene Rokoko-Schlösschen als jüngstes dieser drei stehen friedlich vereint im Ensemble. Und zwischen ihnen: 6 Hektar Glück. Kuschelecken, versteckte Gärten, Laubengänge, Aussichtsterrassen und schmale Pfade zum Erkunden. Der Schlossgarten von Dornburg ist ein Traum. Im schönen Kleid oder schicken Hemd fühlt man sich selbst ein bisschen wie Prinzessin oder Prinz. Und: Im Schlossgarten werden nicht nur die Augen verwöhnt, sondern vor allem auch die Nase. Was für ein Duft. Überall blühen Rosen. Die rund 2000 Sorten im Rosarium am Rokokoschloss, darunter historische und moderne, haben von Mai bis August ihre Hauptblütezeit. Gelb, Orange, Rosa, Weiß und natürlich Rot. Jede riecht anders. Betörend und verlockend, süß und harmonisch. Es ist, als wollten sie sagen: „Setz dich zu mir und schau mich an, so lange du willst, nimm dir Zeit, atme tief ein und lass den Alltag weit hinter dir. Genieße nur den Augenblick mit mir." Wer das kann, schafft für sich einen besonderen Moment. Die Rosen im Schlossgarten von Dornburg sind wie Meditation. Man schließt die Augen, ist umgeben vom Blütenduft, hört das Summen Hunderter Bienen und ist auf einmal ... weit, weit weg. In einem Tempel in Indien vielleicht oder auf einer tropischen Insel.

TIPP

Im Herbst hängen die Weinstöcke auf den Muschelkalkhängen voller Trauben. Zum Naschen einfach wiederkommen.

Schon Genussmensch Johann Wolfgang von Goethe liebte den Park und hielt sich öfter hier auf, gehörte die Anlage zu seiner Zeit doch seinem Freund, dem Großherzog Carl August von Sachsen-Weimar-Eisenach. So einige seiner Gedichte wurden von diesem Schlossgarten inspiriert. Heute flanieren wir hier umher, so wie er damals, ganz nach dem Motto: „Hier bin ich Mensch, hier darf ich's sein."

- Dornburger Schlösser, Max-Krehan-Straße 2, 07778 Dornburg, Tel. (03 64 27) 21 51 30, www.dornburg-schloesser.de
- ÖPNV: RB ab Jena Paradies, Bahnhof Dornburg/Saale (rund 15 Minuten Fußweg)

Heiß auf Eis

2 Die Eismanufaktur Handeis in Jena

Gut verborgen befindet sich die kleine Eismanufaktur von Eismacher Jan Freitag unweit des Universitätshauptgebäudes in der Ballhausgasse. Trotz der versteckten Lage ist das „Handeis“ schon lange kein Geheimtipp mehr, und ohne Schlangestehen gelangt man selten zum Geschmackserlebnis. Vor allem Studenten der nahe gelegenen Fakultäten gönnen sich hier eine kühle Eispause und beglücken sich mit dem cremigen Gefriergut. Endlich an der Reihe überwältigt einen die ungewöhnliche Auswahl an ausgefallenen Geschmacksrichtungen: Ob Kaffee-Mandel, Himbeer-Stracciatella, Hopfeneis oder Aprikose-Thymian – die experimentellen Geschmackskompositionen stehen bei den Jenensern hoch im Kurs. Dabei legt Jan den Fokus auf frische, saisonale und hochwertige Zutaten. Alle Sorten der kleinen Manufaktur entstehen kunstvoll mit Zeit und Liebe. Den Hokuspokus aus der Tüte gibt es hier nicht. Chemie, Farbstoffe und Geschmacksverstärker haben Hausverbot.

TIPP

Unbedingt probieren: veganes Schokoladen-Sorbet.

Nicht nur geschmacklich legt die Eismanufaktur vor. Auch werden gezielt die Wünsche und Bedürfnisse der Kundschaft eingefangen. Vegan und bio sind für Jan keine Fremdwörter. Sogar ein Tröpfchen Alkohol ist mancher Sorte beigemischt, natürlich mit Auszeichnung.

Mit etwas Glück sind Jan Freitag und sein Team hinter der großen Glasfront in der Eisküche am Hantieren. Wo ist das schon möglich, dem Eismacher über die Schulter zu blicken? Zusätzlich zu dem klassischen Streicheis aus der Kühltheke gibt es noch diverse Sorten am Stiel. Der Experimentierfreude sind keine Grenzen gesetzt. Ganz neu sind die hübsch anzusehenden Eispralinen. Die sind fast zu schade zum Reinbeißen. Aber nur fast. Es passiert durchaus, dass sich Schleckermäuler ein zweites Mal in die Reihe stellen. Denn der eisige Genuss lässt doch tatsächlich für einen Moment das hektische Drumherum und den Lärm der Stadt vergessen.

Mittlerweile gibt es auch am Jenaer Marktplatz eine Zweigstelle für Laufkundschaft.

● Handeis, Ballhausgasse 3, 07743 Jena, Tel. (01 72) 3 47 86 81, www.handeis.de

● ÖPNV: Tram 1, 4, diverse Busse, Haltestelle Universität

Wie Tarzan und Jane

3 Von Baum zu Baum schwingen im Kletterwald Koala

Auf der Suche nach ein wenig Nervenkitzel? Im Kletterwald Koala ist man da genau richtig. In einem Wäldchen bei Münchenbernsdorf, gut 30 Kilometer südöstlich von Jena, kann man seine Kletterkünste unter Beweis stellen. Nach einer Instruktion durch geschulte Mitarbeiter wird die Ausrüstung samt Helm und Klettergeschirr angelegt. Gut gesichert kann es losgehen. Aufgeregt? Das ist gut so, denn Herausforderungen, die gemeistert werden, heben die Stimmung. Insgesamt stehen auf einer knapp 2 Kilometer langen Kletterstrecke 14 verschiedene Parcours zur Auswahl. Alle führen hoch in die Baumkronen von Eichen, Buchen und Birken. Bis auf 12 Meter Höhe klettert man über Seile und Elemente, saust auf dem anspruchsvollen „Schwarzen Parcours“ eine 120 Meter lange Seilbahn aus 8 Metern Höhe in die Tiefe. Ein schweißtreibendes Abenteuer mit Adrenalinkick, der bekanntlich lang anhält und für euphorische Laune sorgt. Auch der „Seilbahn-Spaßparcours“ gehört zu diesem Genre, das Element „Fliegender Teppich“ hat es in sich. Voller Körpereinsatz ist gefordert – eine gute Kondition sollte man mitbringen. Doch keine Bange: Wer nicht weiterklettern, springen oder hangeln möchte, kann jederzeit aussteigen. Wer alle vier Erwachsenen-Parcours bezwingen will, muss sich ranhalten, die Kletterzeit beträgt 2,5 Stunden. Für Kinder gibt es sogar sechs Parcours, ab 1,20 Meter Körpergröße dürfen sie auf den meisten schon allein klettern. Selbst an die Kleinsten wurde gedacht und attraktive Routen, wie ein Kleinkindparcours und der Parcours Zwerg Nase, wurden kreiert. Hier dürfen auch schon Ein-Meter-Zwerge mit von der Partie sein und sich ihr Glücksgefühl durch erste Kletterkünste erobern.

Bewegung macht hungrig – kein Problem, im rustikalen Imbiss mit gemütlicher Sonnenterrasse gibt es alles Mögliche für den kleinen oder großen Hunger. Und natürlich – Eis.

TIPP

Die 120 Meter Seilbahn abdüsen.

● Kletterwald Koala, Am Kreisverkehr Neuensorga, 07589 Münchenbernsdorf, Tel. (01 74) 9 21 61 38, www.kletterwald-koala.de

Am Ende der Welt

4 Wohin? Ah, Lasaan

Es ist der Traum eines jeden Häuslebauers: Keine Autos stören die Ruhe, keine Busse brummen am Haus vorbei, ja nicht einmal eine Handvoll Menschen ist auf der Straße zu sehen. Straße, welche Straße? Lasaan ist ein Sackgassendorf, das zur Nachbargemeinde Kunitz gehört, die Kreisstraße 4 endet hier. Das kleine, alte Fachwerk-Rathaus mitten auf dem Dorfplatz mit seinen grünen Fensterrahmen und Türen wird noch einmal von ihr umrundet und das war's. Juchhu. Das ist es, warum man nach Lasaan kommt. Weil niemand hier ist. Und diese Abgeschiedenheit das Herz höherschlagen lässt, selbst wenn man nicht der Besitzer eines der netten Einfamilienhäuser oder Höfe ist.
Schon die Anfahrt entlang der schmalen Kurvenstraße von Kunitz aus ist schön, nur Wiesen und Wälder rechts und links. Lasaan liegt lange ganz versteckt, bis es plötzlich doch hinter einer letzten Rechtskurve auftaucht, just in dem Moment, als man glaubte, ganz weit weg zu sein. Noch immer wird hier die Anekdote erzählt, dass selbst Napoleon und seine Truppen, als sie 1806 zur Schlacht von Jena und Auerstedt auftauchten, das versteckte Dorf nicht finden konnten, weil es so winzig war. Aus Gemeinderechnungen geht allerdings hervor, dass es doch eine französische Wachstube in Laasan gab. Doch wie sagte Albert Einstein schon so schön: „Fantasie ist wichtiger als Wissen, denn Wissen ist begrenzt."
Und ja, der Fantasie kann man freien Lauf lassen, zum Beispiel wenn man sich von hier auf eine Wanderung über das sogenannte Hufeisen begibt, das sich nördlich zwischen dem Jenzig und der Kunitzburg erstreckt – ein Lieblingswanderweg mit fantastischen Ausblicken über das Saaletal. Von der kleinen, verfallenen Ruine der Kunitzburg auf dem westlichen Ende des Gleißberges erlebt man den Sonnenuntergang über Jena – eine Liebeserklärung der Natur an die Menschen.

● Lasaan, Kunitzburg, Lange Straße 81, 07751 Jena
www.kunitzburg.de
● ÖPNV: Bus 43, Haltestelle Kunitz

Im Bücherhimmel

5

Bücherzelle: die kleinste Bibliothek von Jena

Können Bücher glücklich machen? Die Antwort auf diese Frage kann kaum noch subjektiv sein, hier wird ein kräftiges JA geschmettert. Dass Lesen das reinste Glück ist, hat schon der prominente Glücksforscher Mihaly Csikszentmihalyi, Psychologe an der Universität Chicago, beschworen, denn „nur auf Umwegen erreicht man das Glück", klärt er auf. Warum das so ist? Es geht um den „Flow", in den man beim Lesen gerät. Der Kopf verabschiedet sich aus dem Jetzt, gerät in einen Zustand meditativer Konzentration, Zeit spielt keine Rolle mehr, und man wächst über das begrenzte „Ich" hinaus – ein Flow, der glücklich macht. Hinzu kommt ein ganz praktisches Leseglück: Nur durch Bücher können viele Menschen die Welt kennenlernen, Abenteuer erleben und Erfahrungen machen, die ihnen sonst verwehrt bleiben würden.

TIPP

Wer es gar nicht erwarten kann, liest das neue Buch gleich auf der grünen Holzbank neben der Telefonzelle.

Dass all dies tatsächlich der Fall ist, bestätigt das ständige Kommen und Gehen an Jenas kleinster Bibliothek, die knallgelb ins Auge fällt. Die Telefonzelle stammt aus den Beständen der Post und einem vergangenen Kommunikationszeitalter. Heute ist die Bücherzelle in der Schlippenstraße ein geselliger Ort. Leute aus dem Viertel kommen häufig hierher, schauen nach neuen Büchern oder bringen eins mit. Wer weiter weg wohnt, radelt vorbei, um zu schauen, was es Neues gibt. Ein Buch rein, eins raus, noch ein wenig schmökern und ganz nebenbei mit dem Nachbarn über den neuesten Klatsch und Tratsch plaudern. Bei schönem Wetter kann man den neusten Roman gleich auf der Sitzbank neben der Bücherzelle verschlingen.

Auch Brettspiele und Zeitschriften sind in der bunten Bibliothek willkommen.

Die Happy-Momente sind den Besuchern anzusehen. Es ist schön, Dinge, die man nicht mehr braucht oder eben ausgelesen hat, zu verschenken und damit gleichzeitig anderen eine Freude zu machen. Und: am Ende selbst etwas Neues mitzunehmen. Eine Win-win-Geschichte mit Flow-Effekt – besser geht's doch nicht.

- Bücherzelle, Schlippenstraße 26, 07749 Jena
- ÖPNV: Tram 2, Bus 14, Haltestelle Schlippenstraße

Oxford

Kuss der Natur

6

Idylle pur am Blütengrund

Stadt, Land, Fluss – am Blütengrund bei Naumburg, 40 Kilometer nördlich von Jena, passt alles zusammen. Und nicht nur das, denn hier fließen gleich zwei Flüsse ineinander: Die Unstrut mündet in die Saale. Sie lassen sich sogar an den verschiedenen Farben des Wassers unterscheiden. Wo Wasser ist, herrscht meist ein besonderes Lebensgefühl. So ist es auch hier: Entlang der Saale verläuft ein romantischer Radweg, er führt vorbei an terrassierten Weinbergen mit prachtvollen Villen, Auenlandschaften und Feldern, in der Ferne ragen die Türme des Naumburger Doms in den Himmel. Herrlich! Je weiter man vom Blütengrund die gut 2 Kilometer Richtung Naumburg wandert oder radelt, desto mehr fallen die Buntsandstein-Verwitterungen auf, die dem Wein, der darauf wächst, eine besondere Note geben. Lust auf ein Gläschen? Am Weg liegen mehrere Straußwirtschaften und kleine Weingüter. Entspannen und sich über das Leben freuen! Während man den Schoppen genießt, schippern Kanufahrer auf dem Fluss vorbei. Wer hinüber auf die andere Flussseite will, kann am Blütengrund mit einer handbetriebenen Seilfähre übersetzen. Sie nutzt dafür die Technik des Gierens, die Strömungsenergie des Flusses. Die Fährstelle wurde bereits in Urkunden aus dem Jahr 1283 erwähnt. Der Fährmann erklärt gern die Abläufe und Geschichte der kleinen Fähre. Am Nordufer der Mündung, nur 600 Meter auf dem Blütengrundpfad in Richtung Freyburg, liegt ein echtes Kunstwerk am Weg: das Steinerne Bilderbuch. Zwölf riesige Reliefs prangen an einem Felsen über einem Weinberg und zeigen Themen aus der Bibel. Juwelier und Weinbergbesitzer Johann Christian Steinauer ehrte damit Herzog Christian II. von Sachsen-Weißenfels, ohne dessen Faible für Gold Steinauer nicht so wohlhabend geworden wäre. Doch wozu braucht man Gold, wenn man die Schatztruhe der Natur um sich hat? Der Blütengrund erhielt seinen Namen von den vielen Obstbäumen, die im Frühling prächtig blühen. Am liebsten hierbleiben? Der idyllische Campingplatz wartet schon.

TIPP

Ist der Fährmann mal nicht zu sehen, ruft man einfach: „Fährmann hol' über!", und schon geht es los.

● Campingplatz Blütengrund, Blütengrund 6, 06618 Naumburg, Tel. (0 34 45) 26 11 44, www.campingplatz-naumburg.de

Let's celebrate!

7 Tanz der Endorphine zur KulturArena

Die Scheinwerfer gehen an, die ersten Töne erschallen, die Menge steht auf, schaut gebannt nach vorn, Klatschen, Jubeln, Euphorie. Wenn ein Konzert beginnt, ist das immer ein ganz besonderer Moment. Endorphine und Adrenalin wechseln sich ab, durchströmen Körper und Seele. Yeah, ich bin dabei! Genial! Diesem Wahnsinnsgefühl erliegen die Fans der Jenaer KulturArena jedes Jahr von Neuem. Da muss man hin. Mindestens zu einem, besser noch zwei Konzerten. Wenn das Open-Air-Festival im Juli und August rockt, steht Jena sechs Wochen lang Kopf. Faber, Buena Vista Social Club, Clueso, Scott Bradleys Postmodern Jukebox – sie alle haben die Arena schon auf ihrer Agenda gehabt. Und die Menge zum Tanzen gebracht. Arme hoch! Feiern! So jung kommen wir nicht mehr zusammen! Das Ambiente am Theaterplatz mitten im Herzen von Jena gibt dem Event den besonderen Reiz, denn alle sind dabei. Bis an die Stadtränder ist die Musik zu hören, schon beim Soundcheck am Nachmittag spitzt ganz Jena die Ohren. Es „wabert" durch die Straßen, „Gehst du hin?", „Ich auch", „Zu wem?". Wer keine Karte mehr bekommen hat, macht es sich auf einer Picknickdecke um das Festgelände herum bequem. Und es wäre nicht die KulturArena, wenn nicht auch Theater, Film und ein Programm für Kinder mit auf dem Plan stünden.

TIPP
Die Veranstaltungen der Kinderarena besuchen.

So war die Idee von Beginn an. Nach den Wirren der Wendezeit 1992 ins Leben gerufen, sollte es Kunst und Kultur in die kulturell „ausgehungerte" Stadt bringen – für alle. Vielfalt. Berühmtes, aber auch Unbekanntes. Lebendigkeit und Austausch. Denn darum geht es: sich treffen, plaudern, einen Wein zusammen trinken und Musik aus aller Welt lauschen. Wie heißt es so schön auf der Webseite zum Event? „Die KulturArena ist eine eigene Jahreszeit, ein kulturelles Kraftzentrum, das Gegenteil von Sommerloch. Viva la vida!"

- KulturArena, Theatervorplatz, www.kulturarena.de
- ÖPNV: Diverse Trams und Busse, Haltestelle Ernst-Abbe-Platz

THEATERHAUS JENA
nke an die Unterstützer
der Kulturarena!

8 Mit Alpakas wandern am Waldblick

Ein einsamer Waldweg führt in die Ferne, die Füße folgen ihm ins dichte Grün. Die Augen genießen die Sonnenstrahlen, die durch die Blätter funkeln, während die Hände in kuschelweiches Fell eintauchen und die Ohren ein leises Kauen und Schmatzen vernehmen. Bei einer Alpakawanderung ist man nie allein. Der kuschlige Begleiter läuft stets an der Seite – das ist das Prinzip beim Alpakawandern: Die Wollbündel, die ursprünglich aus der Andenhochebene stammen und zu den ältesten Nutztieren der Welt gehören, sind gern stundenlang zu Huf unterwegs. Ist auch der Wanderer gut zu Fuß, gefällt ihnen das umso besser. Von Weiß über Beige bis Braun, Grau und Schwarz reicht die Farbpalette in einem Alpakazug. Das Leittier läuft mit seinem Wanderfreund immer vorn und gibt das Tempo für die „Herde" vor. Das ist meist gemächlich, sodass man dabei wunderbar entspannen kann. Bis 1984 wurden keine Alpakas außerhalb Südamerikas gehalten, das hat sich gründlich geändert: Immer mehr Alpakahöfe öffnen ihre Pforten – Tendenz steigend. In Trockenborn hat Gunter Kraft vor ein paar Jahren den Traum von der eigenen Alpakaherde verwirklicht, auch um seinen Vierseitenhof wieder zu beleben. Nicht nur der Besitzer der kuschligen Andentiere findet darin seine Erfüllung. Durch das ruhige Wesen der Tiere haben Alpaka-Wanderungen eine therapeutische Wirkung, helfen bei Burn-out, Depression oder dabei, einfach mal runterzukommen. Die Wanderungen dauern etwa 2 Stunden und verlaufen über 4 bis 5 Kilometer herrlich im Wald den Tälerpilgerweg entlang. Vor allem Kinder lieben die Tiere! Deshalb feiert Gunter mit ihnen und den Tieren am liebsten gemeinsam Kindergeburtstage und bringt viele Augen zum Strahlen, vor allem wenn das Geburtstagskind als Souvenir ein Kuschel-Alpaka mit nach Hause nehmen kann. Wer nicht Geburtstag hat, kann sich auch mit kuschelweichen, warmen Socken und Mützen aus Alpakawolle eindecken.

TIPP

In den liebevoll geführten Hofschrank schauen.

- Ferienhof Zum Waldblick, Dorfstraße 53, 07646 Trockenborn-Wolfersdorf, Tel. (01 60) 99 30 77 81, www.alpaka-tour.org
- ÖPNV: Bus 471, Haltestelle Trockenborn

Schau dich glücklich

9 Auf zum Fuchsturm

Von Weitem sichtbar thront der runde Fuchsturm hoch über Jena. Er steht auf dem 392 Meter hohen Hausberg, einem der vielen Hügel, die Jena umgeben. Sie sorgen für das so Jena-typische warme „Muschelkalk-Klima". Die kurze, wenn auch steile Wanderung vom Fuß des Hausbergs entlang seiner grünen Flanken bis nach oben ist traumhaft schön und deckt gleichzeitig ein paar Fitness-Punkte für den Tag ab. Kleine Wunder der Natur begleiten den Weg, hier wachsen Margeriten, Glockenblumen und wilder Fingerhut, es summen Hummeln und tanzen Schmetterlinge. Das macht den Weg so wunderbar: hinschauen, Details entdecken und sich endlich mal wieder Zeit nehmen für die kleinen Dinge des Lebens.

Mit dem Aussichtsturm ist schließlich eines der „Sieben Wunder" von Jena erreicht. Eine schmale Wendeltreppe führt bis zur Turmspitze. Noch mal Fitness über 115 Stufen. „Sei gegrüßt, du Wandersmann, hier auf Kirchbergs Veste. Schau dir die Welt von oben an, sie bietet dir das Beste …", steht oben im Turm, und tatsächlich belohnt ein herrlicher Panoramablick den Aufstieg. Warum er Fuchsturm heißt? Da erzählt man sich gleich mehrere Legenden. Entweder sind echte Füchse, die sich im Wald tummeln, der Namensgeber oder aber Goldstücke, die zur Sanierung des Turmes gebraucht wurden und im 17. Jahrhundert „Fuchs" genannt wurden. Oder aber ein Meisterdieb, der hier gefasst wurde, war Grund für den Namen, ein „schlauer Fuchs" sozusagen. Oder Studenten im ersten Semester, die bis ins 19. Jahrhundert als „Füchse" bezeichnet wurden. Aber spielt das eine Rolle? Schön ist es hier allemal, und man muss ja nicht alles wissen.

Eins ist auf jeden Fall gewiss: Im Biergarten sitzt man herrlich unter hohen Bäumen, die Paprika-Kokos-Suppe mit Zitronengras schmeckt genauso gut wie der hausgemachte Kuchen, im Tal schlummert das Dörfchen Ziegenhain – idyllisch wie in einem Kinderbilderbuch.

TIPP

Die „Kurbelkästen" im Turm und an seinem Fuß erzählen wunderbar die Geschichte des Berges.

● Fuchsturm Jena, Turmgasse 26, 07749 Jena, Tel. (0 36 41) 36 06 06
www.fuchsturm.de, www.fuchsturmgaststaette.de

Richtig gewickelt

10

Was der Hanfried alles kann

Mitten auf dem Marktplatz von Jena steht er, stattlich mit hoch erhobenem Haupt und wohlgenährtem Bauch: Johann Friedrich I., Kurfürst von Sachsen und Gründer der „Hohen Schule zu Jena", der heutigen Friedrich-Schiller-Universität. Natürlich steht der „Hanfried", der im 16. Jahrhundert lebte, nicht leibhaftig dort, aber seine Bronzestatue, über 4 Meter hoch, hält tapfer die Stellung. Sie ist ein Wahrzeichen der Stadt, denn ohne den Hanfried wäre die Universitätsstadt Jena vielleicht nie das geworden, was sie heute ist: ein Wissenschaftsstandort für Forscher und Akademiker aus aller Welt. Und so ist die Statue des Hanfried noch heute ein Anlaufpunkt für Studenten. Denn es ist eine Art Ritual, einen Pflanzenkranz über sein Schwert zu werfen – wer es schafft, erntet jede Menge Glück für das Studium.

TIPP
Den Wochenmarkt auf dem Marktplatz besuchen.

Warum aus dem ansehnlichen Doppelnamen Johann Friedrich der Hanfried wurde, kann nur erahnt werden. Aber so wie die Jenenser auch heute eine spezielle Vorliebe für Spitznamen haben, mochten sie damals schon einfach das „Jo" und das „Rich" aus Mundfaulheit weggelassen haben, und so ist der Kurfürst zum Hanfried geworden.

Das gleichnamige Restaurant am Marktplatz hält den Unigründer ebenfalls in Ehren. Und bringt ein traditionelles Thüringer Gericht auf den Tisch, das sicher auch dem Kurfürsten geschmeckt hätte: Wickelkloß, gefüllt mit Semmelbröseln, in Petersiliensoße mit Rindfleisch. Unbedingt probieren!

Anschließend sollte man sich den hübschen Marktplatz noch etwas genauer ansehen. Das Rathaus an der Südwestseite mit barockem Fachwerkturm ist eines der ältesten Rathausgebäude in Deutschland. Über dem Ziffernblatt der astronomischen Uhr aus dem 15. Jahrhundert ist eines der „Sieben Wunder" Jenas angebracht, der „Schnapphans". Er schnappt zu jeder vollen Stunde, zwar nicht nach einem Wickelkloß, wohl aber nach einem Thüringer Kloß – so zumindest die Legende. Wie auch immer – es macht Spaß, dem Hans beim Schnappen nach der goldenen Kugel zuzusehen.

- Restaurant Hanfried, Markt 15, 07743 Jena, Tel. (0 36 41) 66 46 56
- ÖPNV: Diverse Trams und Busse, Haltestelle Löbdergraben

Churfürst
Johann Friedrich
der Grossmüthige
von Sachsen
Begründer der Universität

Einfach abtauchen

11

Die Toskana-Therme in Bad Sulza

Draußen zieht graues Herbstwetter über das Land. Ein kühler Wind pfeift durch die Straßen, und die Tage werden auch immer kürzer. Dann wird es Zeit für einen Besuch der Toskana-Therme in Bad Sulza. Die moderne Thermenanlage im Kurort Bad Sulza, zwischen Jena und Naumburg gelegen, besticht durch ein außergewöhnliches Verwöhnkonzept. Natürlich wird auch hier alles geboten, was Körper und Geist besänftigt und dem Wohlbefinden zuträglich ist. Die Saunalandschaft sucht ihresgleichen. Ob meditatives, schonendes oder finnisches Schwitzen – für jeden Schwitztyp gibt es das passende Angebot. Im großzügigen Wellness-Bereich werden nicht nur verspannte Muskelpartien wieder in Schwung gebracht, gleich elf verschiedene Badebecken und Whirlpools laden zur Erholung ein. Im körperwarmen, salzhaltigen Solewasser fällt es leicht, den Alltag und das miese Wetter draußen zu vergessen. Aber das i-Tüpfelchen der Therme ist der mit Wasser gefüllte Konzertsaal. Ausgefeilte Technik macht den Hörgenuss tatsächlich unter Wasser möglich. Schwerelos auf dem Rücken im Wasser treibend, die Ohren unter Wasser, die Augen geschlossen umschließt das weiche Wasser sanft den Körper und die Klänge das Gemüt. So tritt pure Entspannung ein. Ein angepasstes Lichtkonzept sorgt gleichfalls für ein visuelles Erlebnis. Schwebend, tiefenentspannt und glückselig entsteigt man dem Wasser und will die Therme gar nicht mehr verlassen. Was man vielleicht nicht glauben mag: Es gibt auch Lesungen unter Wasser. Dann füllen Geschichten, Gedichte und Erzählungen den flüssigen Klangraum. Die Toskana-Therme in Bad Sulza ist ein wahrer Glücksort. Im angeschlossenen Hotel kann der Aufenthalt und das damit verbundene Wohlbefinden auch verlängert werden. Gutwetterphasen eignen sich für Radtouren entlang der Unstrut und für Wanderungen durch die Weinberge. Kurpark, Gradierwerk und Trinkhalle komplettieren einen unvergesslichen Aufenthalt in Bad Sulza.

TIPP

Online buchen und sparen.

- Toskana-Therme Bad Sulza, Wunderwaldstraße 2 a, 99518 Bad Sulza, Tel. (03 64 61) 9 20 00, www.toskanaworld.net
- ÖPNV: RB ab Jena Paradies, Bahnhof Bad Sulza

BRONCHARIUM

Laubenglück

12 In Schillers Gartenhaus

„In dieser Laube ... haben wir oft an diesem Steintisch gesessen und manches gute und große Wort miteinander gewechselt.“

Um sich auf die Spuren der Geistesgrößen der deutschen Klassik zu begeben, was in Jena zweifellos dazugehört, ist Schillers Gartenhaus ein passender Ort. Nicht nur Goethe, der die eben gelesenen Worte einst in Erinnerung an seine Gartenhaus-Treffen bei seinem Freund und Kollegen Friedrich Schiller schrieb, ging auf diesem Gelände ein und aus, auch viele andere Persönlichkeiten der Zeit mit Sinn für Kunst, für Sprache und Philosophie besuchten regelmäßig Familie Schiller. Das Haus mit dem großen Garten lag damals noch am Stadtrand von Jena. Heute liegt es im pulsierenden Zentrum der Stadt. Im Jahre 1797 kaufte der Dichter das Anwesen und verbrachte über mehrere Jahre die Sommermonate hier. Heute ist aus dem Schmuckkästchen ein Museum entstanden. Die Inneneinrichtung konnte durch Möbelrepliken weitgehend der Schillerzeit nachempfunden werden. Die Farben und Tapeten an den Wänden sind größtenteils sogar original. Man kann sich also gut in das Damals zurückversetzen und sich mühelos vorstellen, wie zufrieden der große Dichter hier war und wie ihn der Blick aus dem Fenster ins Grüne, der Blick auf die umliegenden Berge oder ein Spaziergang durch den Garten zu neuen Werken inspirierten. Im kleinen, gemütlichen Turmzimmer sollen große Teile des Wallenstein entstanden sein. Auch das Drama Maria Stuart wurde hier niedergeschrieben. Der Garten war zu Schillers Zeiten ähnlich angelegt, die Gemüsebeete befanden sich schon immer dicht am Haus. Durch ihn kann man sich zeitlos treiben lassen, auch ohne Eintritt ist er jederzeit über das große Tor neben der Sternwarte zugänglich. Und wie schrieb Schiller so schön an Goethe am Tag seines Einzugs: „Alles um mich herum erheitert mich.“ Halten wir es doch wie er.

TIPP

Die Führung mitmachen.

● Schillers Gartenhaus, Schillergässchen 2, 07745 Jena, Tel. (0 36 41) 9 40 10 70
www.uni-jena.de/Gartenhaus

● ÖPNV: Bus 16, 28, Haltestelle Ebertstraße

Mit Affenzahn

13

Auf der Sommerrodelbahn in Eckartsberga

Eckartsberga liegt im Burgenlandkreis, 28 Kilometer nördlich von Jena, und gehört um wenige Hundert Meter schon zu Sachsen-Anhalt. Das macht aber nichts, hier geht's ums reine Vergnügen. Schon von Weitem kann man sie sehen, die Sommerrodelbahn. Wie eine silbrig glänzende Schlange kriecht sie den Berg hinauf bzw. hinab, denn jeder, der oben ankommt, will einfach nur wieder hinunter. Und zwar so schnell wie möglich. Mit einem Rennrodel auf Rädern saust man die 850 Meter lange Strecke hinab und überwindet dabei einen Höhenunterschied von 45 Metern, durchfährt zwölf Steilkurven und einen 280-Grad-Kurvenkreisel. Ein Jump sorgt für Adrenalin im Blut. Drückt man den Steuerknüppel ganz nach vorne, wird das Gefährt in manchen Passagen bis zu 40 Stundenkilometer schnell. Die Natur rauscht vorbei, und die Haare flattern im Wind. So flach über dem Boden sitzend, wirkt die Geschwindigkeit deutlich schneller, als sie eigentlich ist. Dennoch dürfen Kinder von drei bis acht Jahren nur in Begleitung eines Erwachsenen sommerrodeln. Nach oben gibt es alterstechnisch keine Begrenzung. Die älteste Fahrerin war 92 Jahre jung. Unten angekommen, legt sich ein breites Grinsen über jedes Gesicht, und man spürt das Verlangen nach einer weiteren Abfahrt. Zum Glück bringt der Schlepplift die Schlitten schnell und mühelos wieder hoch an den Start.

TIPP

Unbedingt auf Schatzsuche gehen.

Wer nicht ganz so rasant den Weg ins Glück sucht, kann es gleich nebenan gemächlicher angehen. Lang, lang ist es her. Im Barock. Da waren Irrgärten Teil prachtvoller Gartenanlagen und dienten zur Belustigung der höfischen Gesellschaft. Auch heute noch haben Groß und Klein, Jung und Alt hier ihren Spaß. Der Irrgarten in Eckartsberga ist einer der größten in ganz Deutschland. Über 1,5 Kilometer schlängelt sich der Weg über schmale Pfade vom Eingang zum Ausgang. Verirrt? Zur Not laut rufen. Rausgekommen ist bisher jeder.

● Sommerrodelbahn, Burgstraße, 06648 Eckartsberga, Tel. (0 34 46) 72 00 19
www.sommerrodelbahn-eckartsberga.de, www.freizeitspass-eckartsberga.com

Zwischen Himmel und Erde

14

Ein Nachmittag im Paradies

Viele stellen sich das Paradies in etwa so vor: Auf weiten grünen Wiesen, umgeben von plätscherndem Wasser und unter hohen Bäumen, sitzen fröhliche Menschen, es herrscht ringsum Harmonie, Geselligkeit und Frieden.
Zum Glück muss man nicht warten: Das Paradies gibt es schon auf Erden. Der gleichnamige Park entlang der Saale entspricht beinahe der paradiesischen Idealvorstellung. Eigentlich sind es sogar gleich drei Parks, die hier ineinander übergehen: die Rasenmühleninsel, das Paradies und die Oberaue. Neben Bäumen, Wiesen und Wasserplätschern halten sie noch ein paar weitere Highlights bereit.
Im gut gespannten Slackline-Garten wird fleißig die Balance trainiert, während gleich daneben auf der Skaterbahn Action ist. Auch wer nicht „life on stage" an den Wallrides mit hohen Jumps mitmischen will, hat hier seinen Spaß. Denn es fasziniert, ganz ohne Knochenbruchrisiko den Skatern, Inlinern und sogar Rollerfahrern bei ihren Manövern und Sprüngen zuzuschauen.
Ein Stück weiter kommt der Sehnsuchtsort für alle Kinder: ein wunderbar großer Spielplatz mit Piratenschiff und Superrutsche. Wer kann da schon Nein sagen!? An einem lauen Sommerabend wird es im Park besonders gesellig. Auf der riesigen Wiese mit Blick auf den Jentower sitzen Studenten, Familien und Verliebte auf Decken oder im Gras und brutzeln Thüringer Bratwürste auf mitgebrachten Grills. Wer kein Picknick dabei hat, aber trotzdem etwas futtern will, ist beim Strand22 bestens aufgehoben. Dort sitzt man nicht nur urgemütlich direkt an der Saale, sondern bekommt zum Flussblick einen leckeren Cocktail aufgetischt. Wer ganz romantisch veranlagt ist, kann einen weißen Schwan mieten und mit dem oder der Liebsten auf der Saale umherschippern.
Auch im Salü, nur ein paar Schritte entfernt, schmeckt es köstlich – das Paradies: ein Ort für die Seele, den Körper und den Geschmackssinn.

TIPP
Relaxen am Ufer der Leutra beim Strand22.

● Jena Paradies/Volkspark Oberaue, Kahlaische Straße, 07745 Jena
● ÖPNV: Tram 1, 4, 5, Haltestelle Paradiesbahnhof

Pause mit Studentenfutter

15 Die Mensa am Philosophenweg

Es ist Mittagszeit. Ein grummelndes Hungergefühl stellt sich so langsam ein. Was liegt da näher als ein Besuch bei einer der neun Mensen in der Studentenstadt am Saaleufer? Die Mensa am Philosophenweg soll es heute mal sein. Menschen mit einem zufriedenen Gesichtsausdruck kommen beim Betreten des Gebäudes heraus. Das muss doch gut sein. Gemurmel der speisenden Gäste und Geklimper von Besteck und Geschirr erfüllen die hohen, historischen Räumlichkeiten. Düfte unterschiedlichster Speisen steigen sofort in die Nase. Gedämpfte Kartoffeln, deftiger Kohl, gegrilltes Fleisch und süße Nachspeisen vermengen sich zu einem einzigen Aromaknäuel und lassen das Wasser im Munde zusammenlaufen. Jetzt aber ran an das Büfett. Die Speisenauswahl ist umfangreich und trifft fast immer jeden Geschmack. Vor allem Produkte aus biologischem Anbau, vegetarische und vegane Gerichte stehen bei den Studierenden hoch im Kurs. Die Preise sind human und an den studentischen Geldbeutel angepasst. Aber auch Mitarbeiter und Besucher können hier ihren Hunger stillen. Es gibt gestaffelte Preise – je nach „Status". Den Kaffee danach genießt man am besten auf der Freifläche hinter dem Gebäude mit Blick über das Damenviertel und in den Griesbachgarten. Nicht nur das Essen hat hier Klasse. Auch das Gebäude ist etwas Besonderes, denn es stammt aus der berühmten Bauhaus-Epoche. 1930 wurde das Studentenhaus am Philosophenweg eröffnet. Es wurde von der Staatlichen Bauhochschule in Weimar geplant und zählte damals zu den außergewöhnlichsten Bauten der Stadt. Der kubische Stahlskelettbau mit roter Ziegelfassade und Flachdach bietet bis heute moderne, lichtdurchflutete Räume durch große Fensterwände und ein optimales Platzangebot dank einer geschickten Bauweise. Alljährlich kann das architektonische Highlight zum Tag des offenen Denkmals besucht und bewundert werden. Modern ist auch die neue Mensa-App. Quasi Mensa 2.0. Auf dieser erfährt man, was in den nächsten Tagen Leckeres in den Töpfen von Küchenleiter Marcus Kirmse und seinem Team so köchelt. Guten Hunger!

- Mensa, Philosophenweg 20, 07743 Jena, Tel. (0 36 41) 9 40 06 21
- ÖPNV: Bus 16, 28, Haltestelle Am Steiger

Rausch der Vergangenheit

16 Geschichte fühlen im Observatorium von Goseck

Wie lebten die Menschen vor 7000 Jahren? Was bewegte sie? Womit verbrachten sie ihren Tag? Der Antwort auf diese Frage kommt man bei einem Besuch im Sonnenobservatorium beim Ort Goseck ein Stück näher. Es liegt auf einem Plateau hoch über dem Saaletal. 1991 wurden in dem Gebiet bei einem Erkundungsflug ungewöhnliche Entdeckungen gemacht. Ringförmige Verfärbungen zeigten sich im Boden. Der Sache gingen Archäologen und andere Wissenschaftler auf den Grund und entdeckten eine uralte Kreisgrabenanlage – 2000 Jahre älter als Stonehenge. Das imposante Monument stammt aus dem Neolithikum, der mittleren Jungsteinzeit. Es besteht aus einem annähernd kreisrunden Graben von etwa 70 Metern Durchmesser. Der ist wiederum von einem Wall umgeben. Innen sind über 3 Meter hohe Stämme in die Erde eingelassen und bilden zwei Palisadenringe, darin befinden sich drei Tore. Was spielte sich hier ab?

TIPP

Zuvor Schloss Goseck besuchen und informieren.

Was die Menschen damals schon über den Himmel wussten, scheint fast unglaublich: Die beiden südlichen Tore fangen die Strahlen des Sonnenaufgangs und des Sonnenuntergangs zur Wintersonnenwende ein, dem kürzesten Tag des Jahres. Ein nördliches Tor markiert die Himmelsrichtung Norden. Auch die Sommersonnenwende konnte durch Visierpunkte präzise bestimmt werden. In Goseck steht man mitten in einem astronomischen Beobachtungszentrum – einem der ältesten Observatorien der Welt. Doch hier wurde nicht nur der Himmel beobachtet, sondern höchstwahrscheinlich wurden auch Versammlungen und Rituale abgehalten. Wenn man genau in der Mitte des Kreises steht und sich vorstellt, wie vor Tausenden von Jahren unsere Vorfahren in diesem Jahreskreis ihre Zeremonien abgehalten haben, während die Welt sich immer weiterdreht – ein ewiges Kommen und Gehen –, und man Teil davon sein darf, läuft einem doch ein wohliger Schauer der Glückseligkeit über den Rücken. Das Observatorium von Goseck, der Fundort der Himmelsscheibe von Nebra, und ähnliche Anlagen der Region gehören zur touristischen Straße „Himmelswege“.

● Informationszentrum zum Gosecker Sonnenobservatorium, Burgstraße 53, Schloss Goseck, 06667 Goseck, Tel. (03 44 38) 20 61 10
www.himmelswege.de

Zur Ruhe gekommen

17

Der Friedensberg über Jena

Der Friedensberg, einem Buckel gleich, liegt eingebettet in ein Häusermeer zentral und dennoch ruhig im Westen der Stadt. Mit seinen gut 70 Metern über dem Niveau der Saale thront er über dem pulsierenden Zentrum der Stadt und ist ein herrlicher Rückzugsort für stressgeplagte Bewohner. Der Berg hat eine bewegende Geschichte hinter sich. Einst war die haingekrönte Galgenbergskuppe Gerichtsort und Richtstätte der Stadt. Der Galgen war weithin sichtbar und sicherlich kein besonders schöner Anblick. Streit wurde geschlichtet und Recht gesprochen, aber auch direkt vollzogen. Später dann rankten sich Weingärten den Hainberg hinauf. Schließlich wuchs die Stadt immer mehr, und die Besiedlung des Hügels schritt voran. Glücklicherweise konnte die komplette Bebauung vermieden und eine kleine parkähnliche Anlage rund um die Bergkuppe erhalten werden. Schon Schiller fand hier Inspiration, berichten alte Schriften. Der Friedensberg war einer seiner Lieblingsorte. Egal zu welcher Jahreszeit, durchatmen und entspannen heißt die Devise. Im Sommer auf der Picknickdecke ein gutes Buch lesen, im Herbst die im Wind tanzenden Drachen beobachten, im Winter mit dem Schlitten den Hügel hinabrodeln. Und im Frühling? Einfach die Beine vom Friedensdenkmal baumeln lassen und dem erwachenden Frühjahrstreiben zusehen. Apropos Friedensdenkmal. Dieser monumentale Rundbau wurde zu Ehren der Gefallenen aus dem Ersten Weltkrieg errichtet und strahlt eine gewisse Schwermut aus. Doch balancierende, kletternde, stromernde Kinder und Erwachsene und bunte Graffiti hauchen dem Ort Leben und Leichtigkeit ein. Auch einige Jenaer Chöre haben das kreisrunde Monument für sich entdeckt. Die Akustik in dem öffentlichen Proberaum ist erstklassig. Der Psycho-Chor, ein studentisches A-cappella-Pop-Ensemble, probt hier öfters. Wenn dann der Titel *Tears in Heaven* von Eric Clapton erklingt, ist Gänsehaut garantiert. Der Berg hätte den Namen Glücksberg ohne Weiteres verdient.

TIPP

Die untergehende Sonne über dem Westend beobachten.

- Friedensberg, Forstweg 34, 07745 Jena
- ÖPNV: Bus 10, 11, 12, Haltestelle Gustav-Fischer-Straße

Husch, husch, husch ...

18

Die Eisenbahnausstellung in Jena

Fast – nein, nicht nur fast – institutionellen Charakter hat die traditionelle Modelleisenbahnausstellung in Jena. Immer in der Herbstzeit bringen die Mitglieder des Vereins Mek-Jena49 e.V. seit über 70 Jahren nicht nur Kinderaugen zum Leuchten. Dann weiß man genau, Weihnachten ist nicht mehr weit. Regelmäßig stehen auch ausgewachsene Männer und Frauen mit halb geöffnetem Mund vor den großen Modelleisenbahnplatten und versinken in ihre eigene Gedankenwelt, die so manche Kindheitserinnerung zurückbringt. Alle gängigen Spuren sind auf der Ausstellung im ehemaligen Straßenbahndepot an der Dornburger Straße vertreten. Von H0 über TT bis zur winzigen Spur S. Künstlich eingespielte Klänge wie das Schnaufen einer Dampflok, das Rattern über Schienen und Geräusche von Bahnhöfen untermalen das Erlebnis. Es ist beachtlich, wie viel Zeit und Aufwand die Modellbauer in ihr Hobby stecken. Akribisch werden Landschaften und Szenerien detailgetreu nachgebaut. Selbst eine richtig qualmende Dampflok darf nicht fehlen. Besonders beliebt sind die beiden Fahrräder. Durch kräftiges Treten in die Pedale wird Strom erzeugt und damit die Loks auf der Platte bewegt. Hier heißt es oft anstehen. Und während den Kindern beim Tritt in die Pedale warm wird, erwärmen sich die Erwachsenen bei einer Tasse Glühwein am Schalter-Café. Man bemerkt gar nicht, wie schnell die Zeit vergeht. Immer wieder entdeckt man ein neues Detail in den Miniatur-Landschaften. Man wird wahrlich in eine Fantasiewelt hineingesogen. Die Begeisterung dafür ist bei Jung und Alt sichtlich groß. So manch junges Vereinsmitglied konnte hier schon neu gewonnen werden. Erfahrene Modellbaufans decken sich in der Verkaufsecke gerne mit neuen Errungenschaften ein. Die Erlöse der gesamten Veranstaltung kommen der Vereinskasse zugute. Eine rundum gelungene Sache.

TIPP

Viel Zeit mitbringen.

- Modelleisenbahnklub Jena, Dornburger Straße 17, 07743 Jena, Tel. (0 36 41) 7 96 26 78, www.mek-jena49.de
- ÖPNV: Tram 1, 4, Haltestelle Nordschule

99 581

In die Beeren

19 Heidelbeeren um Jena

Heidelbeeren – auch Blaubeeren genannt – gehören zu den beliebten einheimischen Obstsorten. Je nach Region reifen die Früchte bereits ab Ende Juni und können in kühleren Regionen bis Anfang September zu finden sein. In der waldreichen Umgebung von Jena ist das schmackhafte, vitaminreiche Superfood oft angesiedelt. Die Wälder zwischen Schöngleina und Hermsdorf bieten optimale Bedingungen für die blaue Beere. Die kleine Frucht ist reich an Vitamin A, C und E und trägt reichlich Ballast- und Mineralstoffe in sich. Am besten gedeihen die Früchte in lichten, feuchten Nadelwäldern. Also, nichts wie los in den Wald. Und Körbchen nicht vergessen. Die Suche macht Laune und lässt den Alltag vergessen. Die Luft ist frisch und duftet nach feuchtem Moos und Gehölz. Beim Pflücken der kleinen Beeren landet die eine oder andere Frucht direkt im Mund. Mmmh, lecker! Die Waldheidelbeeren sind zwar wesentlich kleiner als die Kulturheidelbeeren im Kühlregal. Dafür sind sie um Längen geschmackvoller und verdienen das Zertifikat BIO. Es dauert schon ein Weilchen, bis sich das Körbchen füllt, aber die Bewegung an der frischen Luft tut gut. Die viele Pflückerei färbt die Fingerkuppen blau und macht den Magen hungrig. Eine stärkende Pause auf dem weichen Waldboden kommt gerade recht. Die Sonne blinzelt durch das Geäst, und ein leichter Wind rauscht durch die Baumwipfel. Man möchte glatt ein Nickerchen halten. Warum eigentlich nicht? Im Übrigen ist Heidelbeerzeit auch Pilzzeit. Also Augen auf. Frische Schnittstellen zeugen von Glückspilzen, die hier schon unterwegs waren. Nach vollbrachtem Tagwerk geht es mit dem gefüllten Körbchen heimwärts. Die gesammelten Früchte lassen sich pur naschen oder zu Joghurt oder Müsli genießen. Ein warmes Stück Blaubeerkuchen ist auch nicht zu verachten. Oder noch besser, eine Blaubeersuppe mit Zucker, Zimt und Grießklößchen. Die bringt das Immunsystem auf Zack und besänftigt den knurrenden Magen. Viel Erfolg beim Sammeln.

TIPP

Backpulver hilft gegen Blaubeerflecken auf der Kleidung.

● Blaubeerwälder, 07646 Schöngleina

Geheimer Rückzugsort

20

Zu Gast in den Pagenhäusern in Rudolstadt

Es ist gar nicht so leicht, diesen Ort zu finden, und vielleicht ist das gut so. Die Pagenhäuser in Rudolstadt, 40 Kilometer südlich von Jena, stehen unterhalb der Heidecksburg an der Sonnenseite des Schlossberges. Burgaufgang IV, der an ihnen vorbeiführt, ist seit Jahren geschlossen. Wer die Häuser trotzdem finden will, tritt durch ein rustikales Holztor in einen blühenden Terrassengarten. Viele Wildblumen und besondere Stauden wachsen hier. Was den Ort so einzigartig macht, ist das denkmalgeschützte Ensemble aus drei Gebäuden aus dem 16. und 17. Jahrhundert und aus dem Spätbarock, die auf dem Grundstück stehen. Familie Brauer hat sie regelrecht vor dem Abriss bewahrt. 2015 haben Jörg und Ulrike Brauer die baufälligen Häuser gekauft und mit Hingabe saniert: „Wir haben nicht nur viel Herzblut in die Restaurierung gesteckt, sondern vor allem Kraft und Arbeit und jede Menge Förderanträge geschrieben." Die Brauers haben sich von der Herausforderung nicht abschrecken lassen, einfach machen, lautet ihr Credo. Die Mühe hat sich gelohnt. Heute ist Haus Nr. 5, in dem die Bediensteten des Hofes lebten, wie der Wagenmeister und der Hofpostkutscher, ein Einzeldenkmal.
Um das wunderbare Setting aus Spätmittelalter, Stadtblick und Gartentraum für andere zu öffnen, hat Familie Brauer in einem der Häuser ein Gästehaus eingerichtet, während das andere Haus mit nostalgischem Wohnambiente für Führungen offensteht. Die originale Schwarzküche und zwei Bohlendecken sind noch zu sehen. Sogar für Feiern kann das Haus gemietet werden. Stadtgeschichte zum Anfassen. Viele Besucher, so erzählt Jörg Brauer, sitzen jedoch am liebsten stundenlang im historischen Weinberg hinter dem Haus. Zu Veranstaltungen bieten die herzlichen Gastgeber Waffeln und belegte Brote an, dann wird musiziert, geplaudert und das Leben genossen. Für Jörg Brauer sind die Pagenhäuser ein Schatz, der stolz macht: „Wir hinterlassen einen Fußabdruck, sodass die nachfolgenden Generationen sagen können: Die haben was geschaffen."

- Pagenhäuser, Schlossaufgang IV, Nr. 5/7, 07407 Rudolstadt, Tel. (0 36 72) 48 82 29, www.pagenhaeuser.de
- ÖPNV: RB ab Jena Göschwitz, Bahnhof Rudolstadt

Zum Morgen wach geküsst

21

Frühstücken im Restaurant Stilbruch

Wenn die schweren Samtvorhänge am Eingang zum Stilbruch zur Seite geschoben sind, betritt man eine andere Welt: Die Wände in den Gasträumen des Restaurants sind mit eichenbraunem Holz vertäfelt, dazwischen glänzen Spiegelflächen, Kronleuchter erstrahlen im gedämpften Licht, und überall verteilen sich kleine und größere Sitznischen. Wer Glück hat, bekommt einen Platz an dem großen Panoramafenster und schaut auf die Wagnergasse hinaus, Jenas Ausgeh-Gasse – Leute gucken, ganz entspannt. Das gesamte Haus ist kurios oder besser gesagt: die Häuser. Was man von innen nicht bemerkt: Das Café Stilbruch besteht aus drei Häusern. Mittlerweile. Angefangen hat alles ziemlich bald nach der Wende mit dem Um- und Ausbau von nur einem Haus. Dafür gab es zehn Jahre später den Fassadenpreis der Stadt Jena. Das Stilbruch war damals eines der ersten Lokale in der Wagnergasse – der Auftakt für eine legendäre Kneipenmeile. Inhaber Heiko Krabbes hat ein gutes Gespür bewiesen und einfach losgelegt. Das danken ihm heute alle Stilbruch-Fans – das Restaurant könnte noch drei Häuser dazukaufen und wäre immer noch voll besucht. Ehrlich: Das Essen ist lecker, die Cocktails gut, das Retro-Ambiente wie aus einer anderen Zeit, in die man gerne eintaucht. Sehr beliebt ist das Stilbruch als Frühstücksrestaurant. Wenn um 8.30 Uhr die Pforten öffnen, sind sofort die ersten Tische besetzt. Auch Morgenmuffel sind willkommen. Für sie wurde eigens ein Frühstück mit demselben Namen entwickelt – der ist sogar geschützt, wie das kleine R am Titel zeigt. Überraschen lassen! Bis mittags darf aus der umfangreichen Frühstückskarte bestellt werden, dann ist die Hauptkarte an der Reihe, wobei die Wahl aus herzhaften Broten und Crêpes, Backkartoffeln und Bruschetta, Eintöpfen und Salatvariationen, Steaks und Pfannengerichten wirklich nicht leichtfällt. Was da hilft? Einfach immer wieder kommen!

TIPP
Unbedingt reservieren.

● Restaurant Stilbruch, Wagnergasse 1–3, 07743 Jena, Tel. (0 36 41) 82 71 71
www.stilbruch-jena.de
● ÖPNV: Bus 16, 28, Haltestelle Johannisplatz

Skulptur auf der Spur

22 Ruhe trifft Kunst im Frommannschen Garten

Romantische Sitznischen und Kuschelecken verstecken sich zwischen Hecken und Laubengängen, in der Mitte plätschert ein Springbrunnen. Der Frommannsche Garten ist zweifellos ein besonderes Plätzchen in Jena – perfekt für Verliebte und Zweisamkeit. Ein leckeres Getränk, ein paar Snacks und frisches Obst dazu und fertig ist das idyllische Picknick wie in einem Gemälde von Claude Monet. Doch es gibt noch mehr zu entdecken als lauschige Eckchen und romantische Gefühle. Der Garten ist bekannt für seine Skulpturenausstellungen, die seit 2012 vom Lehrstuhl für Kunstgeschichte an der Friedrich-Schiller-Universität Jena, dem Jenaer Kunstverein e.V. und dem Kunsthof Jena e.V. organisiert werden. Unter freiem Himmel, auf dem Rasen und Kiesweg, unter der Pergola, zwischen Quitte, Mispel und Walnussbäumen präsentieren sich jeden Sommer Plastiken bildender Künstler aus Stahl, Bronze, Holz oder Gips – mal abstrakt, mal klassisch, dann wieder metaphorisch, futuristisch oder modern. Licht und Schatten tun das Übrige, um die Skulpturen wirkungsvoll in Szene zu setzen. Eine Welt zum Eintauchen in die Vielfalt der Kunst. Gedanken nachzuhängen. Sich inspirieren zu lassen.

TIPP

Kaffee und Tee gibt es nebenan in der Bibliothek.

Der Garten gehörte einst zum Anwesen des erfolgreichen Verlegers und Buchhändlers Carl Friedrich Frommann, der von 1765 bis 1837 in Jena lebte. Es war die Zeit, als Jena und Weimar der geistige Mittelpunkt der Klassik waren. Frommanns Haus war ein gesellschaftlicher Mittelpunkt. Die Brüder Humboldt, die Dichter Goethe und Schiller, die Philosophen Schelling, Fichte und Hegel trafen sich regelmäßig dort. Heute gehört das Anwesen zur Universität.

Doch nicht nur die große Vergangenheit versprüht das Besondere in dem Areal. Über dem Garten schwebt noch immer das intellektuelle Flair der Wissenschaftsstadt Jena, denn gleich nebenan liegt die Thüringer Universitäts- und Landesbibliothek mit ihrer schicken Glasfassade – Stadtgartenglück trifft Studentenleben.

- Frommannscher Garten, Fürstengraben 18, 07743 Jena
- ÖPNV: Tram 1, 4, diverse Busse, Haltestelle Universität

Vorhang auf

23 Die Kurz & Kleinkunstbühne in Jena

Wer einmal dem Alltag entfliehen will, der ist in der Kurz & Kleinkunstbühne genau richtig. Das vor über 20 Jahren gegründete Ensemble überzeugt bis zum heutigen Tage mit kurzweiligen, unterhaltsamen und anspruchsvollen Aufführungen. Das Gute-Laune-Programm der drei Gründer und Hauptakteure lässt so manchem Besucher die Tränen in die Augen und Glückshormone ins Blut schießen. Kreativ und wortgewandt, mal singend, mal tanzend, mal schreiend, mal weinend werden gesellschaftskritisch aktuelle Themen beleuchtet oder auch mal der gewöhnliche Alltag, den jeder von uns kennt, auf die Schippe genommen. Weit über Tausend Aufführungen fanden bereits in den gemütlichen Räumlichkeiten statt. Ob Comedy, Satire, Kleinkunst oder Kabarett, für Abwechslung ist stets gesorgt. Allein schon die Programmnamen wie „Family Frust", „TV Fatal" oder „Verstehen Sie Bahnhof?" sind vielsagend. Es heißt, die Kleinkunstbühne hat das Lachen nach Jena gebracht. Die klassisch knallrote Bestuhlung steht dicht um die runden Tische. Das Licht ist schummrig. Die Atmosphäre anheimelnd. Kerzenlicht taucht den Raum in ein warmes Ambiente. Gerade richtig für Kabarett. Getränke und Snacks werden freundlich serviert. Man muss sich nur zurücklehnen, ein Glas Wein bestellen und das intensive Lachmuskeltraining genießen. Aber Vorsicht! Nicht dass man vom Stuhl gerissen wird.

TIPP

Mal Freunde einladen und gemeinsam lachen.

Neuerdings finden auch Vorstellungen außerhalb statt. Hierzu zieht die Bühne an interessante Schauplätze wie die Wasserburg in Kapellendorf. Der Tapetenwechsel tut der Unterhaltung keinen Abbruch. Vielmehr animiert er die Akteure zu neuen Höhenflügen. Die Aufführungen sind auf die Kulisse und Bedingungen bestens abgestimmt. Einem neuerlichen Muskelkater steht nichts Wege.

- Kurz & Kleinkunstbühne, Teutonengasse 3, 07743 Jena, Tel. (0 36 41) 22 14 90 www.kurz-und-kleinkunst.de
- ÖPNV: Diverse Trams und Busse, Haltestelle Löbdergraben

Kurz & Klein
KUNSTBÜHNE
Schenkt euch
ein Lachen!
Kurz & Klein
KUNSTBÜHNE

Ein Tal wie im Märchen

24

Die versteckte Mühle von Plinz

Schon die Anfahrt zur ehemaligen Mühle in Plinz ist wunderschön. Vom Dorf Großkröbitz, 20 Kilometer südwestlich von Jena, windet sich die schmale Landstraße vorbei an Wiesen, Pferden und Auen hinab ins Tal. Am Ortsschild Plinz trippeln Zwergseidenhühner mit ihren lustigen Frisuren herum. Links und rechts tauchen Ziegelgebäude auf, romantisch von Kletterrosen umrankt. Dann grüßt plötzlich ein Ritter auf einem roten Rappen aus einem riesigen Holunderbusch, eine Fee streichelt das Pferd. Ein verwunschener Ort? So wirkt er jedenfalls. Und ja, es ist ein ganz spezielles Fleckchen Erde, ein magisches Versteck, es ist die Welt von Jochen und Gisa Bach. Anfang der 70er-Jahre ist das Ehepaar in das abgelegene Plinz gezogen. Die ehemalige Wassermühle wurde ihr Zuhause, ihr Paradies. Ein Rückzugsort für ihr künstlerisches Schaffen, den sie gern mit anderen teilen. Gisa Bach führt hier ihre Töpferei, Jochen Bach malt, fotografiert und stellt seine Werke in seiner Galerie im Erdgeschoss des Wohnhauses und in der extra dafür ausgebauten Mahl- und Schneidemühle aus. Landschaften, Porträts, Akte. Das Herzstück seiner Kreativität ist jedoch hinter einer schmiedeeisernen Pforte versteckt. Offen für Neues? Die Pforte führt in einen großen Skulpturengarten, durchzogen von verschlungenen Pfaden. Zwischen Lilien, kalifornischem Mohn, Sonnenhut und Rittersporn spielt eine Musikgruppe, skurril wirkt so manche Gestalt, hüllenlos scheint ein Lebensmotto zu sein. Im „Froschgarten" feiern die Figuren frech und frei das Leben, mystisch ist die Formation der „Hüter des Lichts", beruhigend plätschert das Bächlein im „Garten des Rauschens". Hinter jeder Biegung wartet eine neue Überraschung.

Und das Beste ist: Das Ehepaar Bach hat überhaupt kein Problem damit, wenn Besucher ihre Oase zum Ausspannen nutzen und es sich in einer der vielen Sitzecken gemütlich machen. Also, worauf warten? Wein, Käsewürfel und Weintrauben einpacken und den Nachmittag voller Glücksmomente in Plinz genießen.

TIPP

Bei Plinz werden jeden Samstag von 10 bis 14 Uhr Forellen und Saiblinge aus Quellwasserzucht verkauft.

● Plinzmühle, Plinz 1, 07751 Milda, Tel. (0 36 42) 222438
www.plinz.de

Gedächtnispicknick

25 Historischer Johannisfriedhof an der Friedenskirche

Sie hießen Caroline von Wolzogen und Johanna Henriette Schopenhauer, Julius Schnauß und Heinrich Ludwig Maurer. Geboren im 19. Jahrhundert. Gestorben im 19. Jahrhundert. Heute stehen ihre Namen auf verwitterten Steinen, ehrwürdigen Kreuzen und klassizistischen Grabmälern mit Giebeln und Säulen, umrahmt von Efeu und Weinlaub. Kann ein alter Friedhof ein glücklicher Ort sein? Aber ja! Der historische Johannisfriedhof ist ein magischer Platz im Herzen von Jena. Rund um die barocke Friedenskirche aus dem 17. Jahrhundert stehen alte Bäume, ranken wilde Büsche und Sträucher. Und dazwischen – kleine Wiesenflecken zum In-der-Sonne-Liegen. Denn das ist der alte Kirchgarten heute, eine Oase zum Ausruhen und Entspannen.

Der denkmalgeschützte Friedhof taucht 1307 das erste Mal in alten Urkunden auf, als Begräbnisplatz für das Dorf Leutra, das es so heute nicht mehr gibt. Als 1938 eine Straße nach Weimar durch das Friedhofsgelände gebaut wurde, gab man den Friedhof auf. 40 Jahre später wurde er als Park wieder eröffnet – samt all den Gräbern berühmter Jenaer Persönlichkeiten darin. Auch das Grab des bekannten Unternehmers Carl Zeiss befindet sich hier. Vor allem Studenten kommen gern in den Kirchgarten, um die Pausen zwischen den Vorlesungen hier zu verbringen. Dann essen sie ihr Mittag, lesen ein Buch oder schauen noch einmal in die Mitschriften der letzten Woche hinein, bevor es wieder in den Hörsaal geht. Es ist herrlich, auf dem Rücken zu liegen und in den blauen Himmel zu gucken, während die Sonne durch die Äste blinzelt. Und ringsum nichts als Frieden, den die schiefen Grabsteine verströmen. Sie kitzeln das Bewusstsein für den Gedanken: Was für ein Glück, auf dieser Welt zu sein, in der Sonne zu liegen und das Leben zu genießen. Jeden Tag, jede Stunde, voller Erfüllung. Die Studentin Samira aus Jena liebt diesen Ort: „Man hat hier seine Ruhe, mitten in der Stadt. Ein toller Ort, um ganz für sich zu sein.“ Sie packt ihr Lieblingsbuch aus und beißt kraftvoll in einen Apfel. Ein wahrer Glücksmoment.

TIPP

Die App Wo sie ruhen erzählt aus dem Leben von 25 Persönlichkeiten, die hier begraben sind.

● Historischer Johannisfriedhof, Philosophenweg 1, 07743 Jena
www.johannisfriedhof-jena.de
● ÖPNV: Bus 16, 28, Haltestelle Am Steiger

ALLE WASCHEN
IHRE HÄNDE IN
UNSCHULD
BILDHAUER WIELAND GRAF, EICHSTÄTT

Alles im Blick

26 Ab auf den JenTower

Endlich mal ein Turm, bei dem man keine Treppen steigen muss! Der JenTower ist das Wahrzeichen der Stadt. Die mit Spiegelglas ummantelte „Keksrolle", wie Einheimische den Turm liebevoll nennen, ragt wie ein riesiger Leuchtturm aus dem Zentrum der Stadt auf und ist fast von jedem Punkt aus sichtbar. Kein Wunder, bei 159,60 Metern Höhe (mit Antennenspitze) und insgesamt 31 Stockwerken, davon 29 oberirdischen. Deshalb fahren auch mehrere Expressaufzüge, die pro Stockwerk nur 1 Sekunde Fahrtzeit benötigen, bis in die oberste Etage. Man ist also in 28 Sekunden oben, denn in Stockwerk 28 befindet sich die Aussichtsplattform. Die Auffahrt ist erschwinglich und gut investiert, denn der Blick von oben ist phänomenal. Jena liegt wie auf einer Eisenbahnplatte unten zu Füßen, Minimenschen und Miniautos flitzen an der Universität, dem Marktplatz und am Rathaus vorbei, man fühlt sich von hier oben seltsam erhaben – eine spannende Perspektive vom höchsten Bürogebäude im Osten. Der Plan der DDR-Regierung, in wichtigen Städten dominante, vor allem die Kirchen überragende Gebäude mit sozialistischem Gesicht zu errichten, ging in Jena auf. Die runde Form des Turms symbolisiert ein Fernrohr – Sinnbild für den optischen Gerätebau in Jena. Ursprünglich hatte der Architekt Hermann Henselmann auch runde Fenster geplant, die optische Linsen darstellen sollten. Das war dem DDR-Haushalt dann aber doch zu teuer.

TIPP

Den Sonnenuntergang hier oben genießen.

Im Vergleich der höchsten Hochhäuser in ganz Deutschland belegt der JenTower immerhin Platz 21. Und ein weiterer Superlativ befindet sich im Turm mit der Silbermedaille: Im 27. Stockwerk residiert das Hotel Scala, das mit 120 Metern Höhe das zweithöchstgelegene Hotel Deutschlands innerhalb eines Gebäudes ist. Ein Stockwerk höher kann man im Turmrestaurant Scala gehobene Küche samt der Aussicht über Jena genießen – ein perfekter Start in den Tag oder ein romantischer Ausklang zum Abend.

● JenTower, Leutragraben 1, 07743 Jena, Tel. (0 36 41) 20 80 00
www.jentower.de
● ÖPNV: Bus 16, 28, Haltestelle Johannisplatz

FOTO Gebhardt JENA
FOTO Gebhardt JENA
Photostudio

Einfach bezaubernd

27

Die Feengrotten in Saalfeld

Saalfeld liegt knapp 50 Kilometer südlich von Jena und beherbergt neben einem ansehnlichen Ortskern am Saaleufer eine weitere Attraktion, die Saalfelder Feengrotten. Tief führen die alten Stollen in den Berg hinein. Über 300 Jahre hinweg wurde der Stollen bis in die Anfänge des 20. Jahrhunderts betrieben. Hochwertiges Erz wurde hier nie gefunden, dafür jede Menge Alaunschiefer. Alaun wurde damals zum Gerben von Leder benötigt. Später wurde Eisenocker zur Farbenherstellung gewonnen. Ab 1910 war dann endgültig Ruhe im Berg, und es kam die findige Idee, einen Heilstollen zu eröffnen. Zusätzlich faszinierten die in den Jahrhunderten entstandenen Tropfsteine, welche in ihrer Farbigkeit ihresgleichen suchen. Um diese Attraktion der Öffentlichkeit zugänglich zu machen, wurde das Schaubergwerk eröffnet.

TIPP

Die Turborutsche nehmen.

Mit Schutzmantel und -helm geht es heutzutage in den Berg. Kühl ist es hierdrin, und Kletterkünste werden abverlangt. Nach 20 Minuten erreicht die geführte Gruppe den Märchendom mit seinen prächtigen Tropfsteinen. Die künstlerische Ausleuchtung des Domes setzt die vielen Farbnuancen perfekt in Szene. Es ist leicht vorstellbar, dass hier eine Fee leben soll, die den Grotten den Namen gab. Schließt man die Augen, ist das Schwirren ihrer feinen Flügel und ein dezentes Kichern zu vernehmen. Die spektakuläre Tour durch den Berg endet nach einer Dreiviertelstunde. Glücklich und befreit erblickt man wieder das Tageslicht. Hier bieten sich dann vielfältige Möglichkeiten. Man kann sich kulinarisch verköstigen lassen. Und die Kinder gehen an der hölzernen Goldwaschanlage auf Schatzsuche. Im angeschlossenen Feenwäldchen können sich nicht nur die Kinder ordentlich austoben. Geschick bei Spaß und Spiel sind gefordert. Nach einem vollen Tag an den Saalfelder Feengrotten geht es verzaubert nach Hause. Nur die Fee, die bleibt.

● Saalfelder Feengrotten, Feengrottenweg 2, 07318 Saalfeld/Saale, Tel. (0 36 71) 5 50 40, www.feengrotten.de

Forever love

28 Eine Liebe an der Schillerkirche

„Es ist doch immer wieder schön hier …“ Als ich das schlendernde Ehepaar so reden höre, kann ich es sofort nachempfinden. Wenigenjena ist ein traumhaftes Viertel der Stadt. Nah am Zentrum und doch voller dörflichem Charme. Menschen, die hier durchbummeln, sind ihre Glücksgefühle förmlich anzusehen.

Doch nicht nur das Kopfsteinpflaster und die romantischen Häuser beglücken die Besucher, sondern auch die kleine Kirche, in der ein besonderer Mensch geheiratet hat.

Es war der 22. Februar 1790, ein Montag, als der Dichter Friedrich Schiller hier seiner Liebe, Charlotte von Lengefeld, getraut von Pfarrer Schmidt, am späten Nachmittag das Jawort gab. Es dämmerte bereits. Wenn man das Kirchenportal berührt und die Augen schließt, kann man vielleicht die Orgelmusik hören, die damals gespielt wurde. Und man stellt sich die beiden vor, wie sie hier hindurchgeschritten sind, sie im bodenlangen Kleid aus schwerem Faltenstoff, er in Frack, mit knielangen Hosen und weißen Kniestrümpfen. Viele Studenten tummelten sich schaulustig im Kirchgarten. „Professor Schiller sei heute ein für alle Mal aufgeboten worden“, tuschelte es von Mund zu Mund durch die Gassen der Stadt. Dabei fing alles recht undurchsichtig an: Als Schiller 1787 als mittelloser Dichter nach Rudolstadt kam, verliebte sich nicht nur Charlotte sofort in ihn. Auch ihre ältere Schwester Caroline konnte seinem poetischen Charme nicht widerstehen. Und Schiller? Fand beide Schwestern attraktiv. Am liebsten hätte er eine Melange zu dritt geführt. Doch da hatte auch die Mutter der Mädchen ein Wörtchen mitzureden, und Charlotte war ebenfalls nicht so erpicht darauf, ihren Friedrich zu teilen, zumal ihre Schwester bereits verheiratet war. Schiller musste sich also entscheiden und tat es – für Charlotte, hier an der Schillerkirche. Die Ehe stand unter einem guten Stern – das Paar bekam vier Kinder, zwei Jungen und zwei Mädchen. Und noch heute ist die Kirche mit ihrem Zauber altgotischer Romantik ein Lieblingsort für Hochzeiten.

TIPP

Es gibt hier Konzerte und Lesungen.

- Schillerkirche, Schlippenstraße 32, 07749 Jena, Tel. (0 36 41) 44 57 53
  www.schillerkirche-jena.de
- ÖPNV: Tram 2, Bus 14, Haltestelle Schlippenstraße

Fettig schmeckt!

29 Fritz Mitte am Johannisplatz

Ein würziger, salziger Duft zieht über den Johannisplatz. An der Menschenschlange ist zu erkennen, von woher dieser weht. Es gibt belgische Pommes! Das Anstehen lohnt sich. Mit jedem Schritt nach vorne steigt das Hungergefühl ins Unermessliche. Und dann noch dieser Geruch in der Nase. Endlich an der Reihe, fällt die Wahl gar nicht so leicht. Belgische Pommes wie geplant? Oder doch Süßkartoffelpommes? Oder gleich einen Burger? Currywurst gibt es auch. Auch mit Pommes. Entschieden!

Mehr als 15 Jahre ist es her, dass die jungen Gründer das putzige und stadtbekannte, achteckige Häuschen am Johannisplatz bezogen haben. Seither hat sich das Fritz Mitte sehr beliebt gemacht und genießt fast institutionelles Ansehen, vor allem bei Nachtschwärmern. Sie freuen sich über die späte Stärkung, bevor es in die umliegenden Kneipen geht. Der Biss in die knusprigen, leckeren Pommes zaubert ein Lächeln auf die Lippen. Dazu der hausgemachte Honig-Limonen-Dip, die Rosmarin-Mayo oder die Mango-Mayo. Hm, einfach der Hammer. Auf den nahe gelegenen Stufen sitzt man ganz gut, und während einem das Essen schmeckt, zieht der trubelige Alltag der Stadt vorüber – das historische Johannistor und die Keksrolle, auch Jentower genannt, stets im Blick.

TIPP
Denk an die Wartenden und fasse dich kurz.

Wer Kinder im Gepäck hat und sich über die ersten Ketchup-Flecken auf der Jacke ärgert, setzt sie am besten in die kleine Mal-Ecke und isst in Ruhe weiter. Doch nicht nur an die Kleinen wird gedacht. Auch die Umwelt wird nicht vergessen. Denn alle Verpackungen sind nachhaltig und umweltschonend. Sollte das Wetter mal nicht mitspielen und das Streetfood-Erlebnis verregnen, kann man ein warmes Plätzchen im neuen Frittiersalon von Fritz Mitte in der angrenzenden Neugasse finden. Und wer keinen Fuß mehr vor die Türe setzen mag, der lässt sich beliefern. Guten Appetit!

- Fritz Mitte, Johannisplatz 21, 07743 Jena, Tel. (0 36 41) 3 47 47 97
  www.fritzmitte.de
- ÖPNV: Bus 16, 28, Haltestelle Johannisplatz

Strandvergnügen

30 Auf zum Schleichersee

Dank der Familie Schleicher können sich die Jenaer über ein kühles Bad an heißen Sommertagen freuen. Doch was hat es damit auf sich? Der Schleichersee, auch als Südbad bezeichnet, ist ein schönes Stück Jenaer Stadtgeschichte. Bis in die 20er-Jahre hinein baute die Familie Schleicher an diesem Ort Kies ab. Nachdem die Grube nichts mehr hergab, wurde sie mit Wasser aus der nahen Saale geflutet und der Stadt Jena überlassen. Von nun an stand einem naturnahen Badevergnügen nichts mehr im Wege. Der zentral gelegene Badesee verfügt sogar über einen feinen Sandstrand. Aus der Sichel aus Sand kleckern Kinder eine Burg nach der anderen und vergraben Papa bis zum Kinn im Sand. Bilder, die sonst nur mit einem Aufenthalt am Meer verknüpft sind. Doch „Jene ist bene" heißt es ja so schön. Und so schießt aus der Mitte des Sees als Highlight noch eine 10 Meter hohe Wasserfontäne in den Himmel und versorgt den See mit neuem Wasser. Das Schleicherbad mit seiner tollen Kulisse vor den Johannisbergen lässt die Hektik des Alltags schnell vergessen. Herrlich ist es, auf dem Badehandtuch zu liegen und in einer Zeitschrift zu schmökern. Auch aktive Erholung ist am Schleichersee möglich. Wie wäre es mit einer Runde Tischtennis? Oder einer Runde über den See schaukeln im Tretboot oder Ruderboot? Noch sportlicher wird es in den Reihen der Teams an den Beachvolleyballfeldern. Unter den Blicken der Schaulustigen werden hier spannende Ballwechsel gespielt. Nach all der Anstrengung kommt ein Sprung in die kühlen Fluten gerade richtig. Danach gibt es Eis und Kaffee im Café Seeblick und den passenden Sundowner an der Cocktailbar Strandschleicher. Der Longdrink schmeckt, die Liegestühle sind bequem, und die Sonnenschirme sorgen für ein schattiges Plätzchen. Wenn dann noch die heißen Rhythmen aus der Soundanlage erklingen, ist der Urlaub greifbar nahe.

TIPP

Völlig frei und hüllenlos badet man im FKK-Bereich.

- Schleichersee, Oberaue, 07745 Jena, www.jenaer-baeder.de
- ÖPNV: Tram 1, 4, 5, Haltestelle Sportforum

Zeit für schöne Dinge

31 Die kleine Keramikwerkstatt in Drößnitz

Wer von Jena über Kahla durch den Reinstädter Grund fährt, landet nach 13 Kilometern und einem malerischen Streckenverlauf im schönen Dörfchen Drößnitz. Der Ort mit seinen 184 Einwohnern liegt auf einer Anhöhe am Verlauf einer alten Handelsroute. Hier gackern die frei laufenden Hühner noch um die Wette, hier klingt das Muhen der Kühe zufrieden, und die Traktoren tuckern gemächlich dahin. Doch nicht nur das. Die ländliche Idylle und Schönheit der umliegenden Natur haben auch einige Künstler angelockt.

„Ich lasse mich gern von der Natur inspirieren, ich mag es, mit Ton, den ich irgendwo finde, zu experimentieren, ja, ich liebe meinen Beruf und mein Leben hier." Keramikerin Antje Reinhardt schaut lachend in ihren wilden Naturgarten. Die Künstlerin weiß, was sie will. Sie wusste es schon immer. Sie will mit ihren Händen arbeiten. Neues erschaffen. Ihre eigene Chefin sein. Und ist das nicht wunderbar, wenn man weiß, was man will? So ist das Atelier von Antje Reinhardt, das im Erdgeschoss ihres selbst entworfenen Holzhauses untergebracht ist, nicht nur ein Raum für Kreativität, sondern auch ein Ort der täglichen Inspiration, auf das eigene Ich zu hören. Die Künstlerin ist ihren Weg gegangen, hat auf ihr Bauchgefühl vertraut und lebt damit glücklich, zufrieden und frei. Das spürt man auch in ihrer Keramik, die Leichtigkeit auf den Tisch bringt, verspielt ist und dennoch klare Strukturen zeigt. Eichhörnchen hüpfen über Tassen in erdfarbener Glasur mit dunkelbraunen Einschlüssen, Gänse zieren hellblaue Milchkrüge, Sonnenbänder auf Frühstücksschälchen geben eine Portion gute Laune für den Tag mit auf den Weg. Die naturverbundene Leichtigkeit des Seins nimmt man in Antjes Stücken mit nach Hause. Und sie nimmt sich gern Zeit, um mit ihren Gästen zu plaudern, über ihre Motive, die Kunst der Keramikherstellung und das Glück, das sie beim handwerklichen Arbeiten empfindet.

TIPP

Der Drößnitzer Radio-Podcast: soundcloud/Außenstudio Drößnitz. Auch Antje trifft man hier.

- Keramikwerkstatt Antje Reinhardt, Am Angerberg 34 a, 99444 Blankenhain, Tel. (0 36 42) 22 00 52, www.antje-reinhardt-keramik.de
- ÖPNV: Bus 482, Haltestelle Drößnitz

Dem Himmel so nah

32

Auf dem Landgrafen

Jetzt heißt es: Treppen steigen. Gut 300 Stufen führen vom Philosophenweg über den Landgrafenstieg hinauf auf den Landgrafen, einen Hügel im Westen von Jena. Der Fitness-Teil des Tages wäre damit erledigt. Und auch die Sinne kommen auf ihre Kosten. Denn von hier oben hat man die wirklich beste Sicht auf die Stadt und über das Saaletal bis hin zur Leuchtenburg. Es eröffnen sich ganz neue Perspektiven, der Blick schweift in die Ferne, genauso wie die Gedanken. Kein Wunder also, dass der Ort auch der „Balkon Jenas" genannt wird. Wem die normale Aussicht nicht reicht, der kann noch mal 143 Treppenstufen höher zur Aussichtsplattform auf den alten Funkturm, den 27 Meter hohen Landgrafenturm, steigen – immer geöffnet am Sonnabend, Sonntag und an Feiertagen von 13 bis 18 Uhr. Der Blick – phänomenal. Grün, bergig, typisch Jena.

Jochen Ternette, Vorsitzender des Landgrafenvereins, liebt diesen Berg: „Wir haben unsere Berggemeinschaft etwa 1968 gegründet, und wir kümmern uns hier oben um alles. Der Turm ist 1970 gebaut worden als Fernsehumsetzer. Und wir haben bei der Stadt gleich gesagt, es wäre doch sinnvoll, hier oben eine Aussichtsplattform zu machen. Gesagt, getan. Wir haben die Betreuung übernommen, halten alles sauber, putzen das Treppenhaus und die Scheiben." Da kann man nur sagen: Toll, dass es so engagierte Menschen gibt.

Vom vielen Staunen knurrt der Magen – auch kein Problem auf dem Berg. Das Restaurant Landgrafen hat Drinks und leichte sowie herzhafte Gerichte auf der Speisekarte, man sitzt bei schönem Wetter gemütlich im Biergarten. Die draufgefutterten Pfunde darf man gerne für den Moment genießen, denn sie können am Trimm-dich-Pfad gleich wieder abgerackert werden. Für Kinder gibt es einen großen Spielplatz unter alten Bäumen, die an heißen Sommertagen wunderbar kühlen Schatten spenden.

TIPP

700 Meter weiter zur Aussichtsplattform Napoleonstein wandern.

- Landgrafen, Am Steiger 99, 07743 Jena, Restaurant Tel. (0 36 41) 50 70 71
www.landgrafen.com, www.landgrafenverein-jena.de
- Aufstieg über den Timlerweg oder den Landgrafenstieg (Treppen)

Klein, aber fein

33

Camping in Jena

Camping in Jena? Warum eigentlich nicht? Die einzige Möglichkeit, mitten in Jena zu campen, ist glücklicherweise auch eine sehr gute. Die Qual der Wahl wird einem somit genommen. Selbst Jenenser, also die hier Geborenen, kommen gerne für eine Auszeit. Auch über Nacht. Mitten im Grünen, nur 2 Kilometer vom Stadtzentrum entfernt, liegt der kleine Campingplatz „Unter dem Jenzig". Der Name ist Programm, denn der Jenzig thront geradezu über dem Areal. Nicht nur die ruhige Lage macht den Platz aus. Auch die liebevolle Gestaltung sticht ins Auge. Hier hat das freundliche Betreiber-Team wirklich ein Händchen bewiesen. Ob Feuerstelle, Gemeinschaftsküche oder Café – alles wurde auf besondere Art und Weise gestaltet. Absoluter Hingucker ist das Café des Platzes. Ein alter, ausrangierter Straßenbahnwagen von 1965 wurde hierher verfrachtet und praktisch umfunktioniert. Bei einem kühlen Radler oder einem kräftigen Kaffee mit Blick ins Grüne und auf den Jenzig lässt sich wunderbar den Gedanken nachhängen. Kuchen und Snacks werden frisch zubereitet. Den hausgemachten Blaubeerkuchen sollte man unbedingt probieren.

TIPP

Permakultur erklären lassen.

Das Motto Slowcamping der Betreiber ist in jedem Winkel zu spüren. Neuerdings ist sogar das Thema Permakultur, der nachhaltige Anbau von Pflanzen, auf dem Platz sichtbar. Interessierte erhalten nicht nur ausführliche Auskunft über das spannende Thema, sondern bekommen im besten Fall gleich noch Früchte aus dem Projekt geschenkt.

Das nachhaltige Gesamtkonzept legt sich auf das eigene Gemüt und sorgt für vollkommene Entspannung und wahre Glücksmomente. Es ist alles da, was so gebraucht wird. Und was nicht da ist, wird auch nicht gebraucht. Wer genug vom Seele-baumeln-Lassen hat, kann auf Knopfdruck richtig viel in der Umgebung erleben. Entweder mit dem Fahrrad an der Saale entlang, den Jenzig erklimmen oder das benachbarte Ostbad erschwimmen. Wenn's reicht, dann schnell zurück in die grüne Wohlfühloase.

● Campingplatz „Unter dem Jenzig", Am Erlkönig 3, 07749 Jena, Tel. (0 36 41) 66 66 88, www.jenacamping.de

● ÖPNV: Tram 2, Bus 41, Haltestelle Jenzigweg

IRONVAN

Auf Du und Du

34

Der Tiergarten in Eisenberg

Eisenberg liegt 28 Kilometer entfernt von Jena. Einer der Hauptgründe, den Weg in diese Stadt zu nehmen, ist der kleine, aber feine Tiergarten. Da Jena nicht über eine Einrichtung dieser Art verfügt, bietet sich der Besuch in Eisenberg für das tierische Vergnügen an. Die großen Zoos in Erfurt und Leipzig sind dann doch zu weit entfernt für einen spontanen Trip ins Reich der Tiere. Der Eisenberger Tiergarten wurde 1971 eröffnet und breitet sich auf einem parkähnlichen Gelände des Pianoherstellers Felix Geyer aus. Auf 2,5 Hektar gibt es über 700 Tiere in 44 verschiedenen Arten zu betrachten. Das Motto des Tierparks lautet „Auf Du und Du mit den Tieren". Das wird hier auch gelebt, denn der Großteil der Gehege ist begehbar, und viele der Vierbeiner dürfen sogar mit speziellem Trockenfutter gefüttert werden. Zum Dank holen sich die Tiere ihre Streicheleinheiten direkt bei den Besuchern ab. Und die Ponys dürfen ausgiebig gebürstet werden, was besonders die pferdenärrischen Kinder freut. So profitieren die Tiere von den Menschen und umgekehrt. Auf Du und Du eben.

TIPP

Zwergziegen füttern.

Der schön angelegte Tiergarten besticht durch Ordnung und Sauberkeit. Viele Sitzgelegenheiten laden zum längeren Verweilen ein und zu ausgedehnten Beobachtungen der Tierwelt. Neben den Klassikern wie Ziegen, Schafen, Rehen, Eseln und Meerschweinchen gibt es auch einige Exoten zu bestaunen: Kängurus, Stachelschweine, Schildkröten und die lustigen Erdmännchen, die sich im Eisenberger Klima besonders wohlfühlen.

Das obligatorische Eis am Kiosk darf natürlich nicht fehlen. Auf dem Spielplatz können die Kleinen nach Herzenslust rutschen, schaukeln und klettern und die Eltern einen Becher Kaffee trinken. Für wenig Geld wird hier viel geboten. Sogar die Parkplätze sind kostenfrei. Es müssen nicht immer Löwe, Tiger & Co. sein.

- Tiergarten Eisenberg, Geyersberg 2, 07607 Eisenberg, Tel. (03 66 91) 4 22 71
www.tiergarten-eisenberg-thuer.de
- ÖPNV: Bus 410, Haltestelle Busbahnhof Eisenberg

Zu Gast bei Wagner

35

Jenas kultige Kneipenzeile

Wagner? Im Ernst? Aber doch nicht der Richard! Die Wagnergasse in Jena ist zwar fast so berühmt und beliebt wie der klassische Komponist – zumindest unter den eingeborenen Jenensern und zugezogenen Jenaern –, doch ihr Name hat mit ihm wirklich rein gar nichts zu tun. Stattdessen steckt ein traditionelles Berufsbild dahinter: nämlich die Zunft der Wagenmacher, die Wagner. Denn die hatten hier früher das Sagen und stellten Kutschen und Wagengestelle her.
Und warum ist die Gasse heute nun so beliebt? Weil jeder mit Vergnügen bei einem Bier, Wein oder Milchkaffee zusammenkommt, sich gern mit leckeren Gerichten bewirten lässt und das lockere Beisammensein mit Bekannten, Freunden und Fremden einfach schön ist – oder etwa nicht?

TIPP

Im Café Stilbruch das Genießer-Frühstück bestellen.

Und genau das passiert in der Wagnergasse: Die Kneipenzeile von Jena zieht sich vom Johannesplatz am Johannestor bis zur Mündung in die August-Bebel-Straße. Auf 350 Metern hat man die Wahl zwischen Cafés, Bars und Restaurants.

Im Sommer geht bei schönem Wetter vor allem draußen die Post ab. Dann ist jeder Platz besetzt. Gute Laune und fröhliches Stimmengewirr tanzen durch die schmale Gasse. Ein abendlicher Kulttreffpunkt ist das Café Wagner. Newcomer-Bands, Poetry-Slams, Tangoabende, Livemusik, Literatur – das Café ist eine Institution für alle Neugierigen, die das Besondere suchen. Adrenalin mischt sich mit Endorphinen, man wünscht, der Abend ginge nie zu Ende. Die Wagnergasse – ein Ort, wo das Leben brodelt.
Es ist kaum mehr vorstellbar, dass bis in die 60er-Jahre des letzten Jahrhunderts noch die alten cremefarbenen Straßenbahnen durch die Gasse rumpelten. Später schoben sich dann Linienbusse mühsam hindurch. Den Anfang zur Kneipenmeile machte das Café Stilbruch mit seiner Eröffnung im Jahr 1995. Viele weitere zogen nach. Die kulinarische Abwechslung ist unschlagbar. Garniert wird der Reigen mit vielen Imbisslokalen und kleinen Läden, die Mode, Kunst und Accessoires anbieten. Einfach eine bunte und runde Sache, die Wagnergasse.

● Wagnergasse, 07743 Jena
● ÖPNV: Bus 16, 28, Haltstelle Johannisplatz

CAFE

Die kleine Oase

36 Der Griesbachsche Garten

Eine Sommernacht im Juni. Ein lauer Windhauch streicht durch die Baumkronen. Elegant gekleidete Menschen flanieren durch einen Park. Träumerische Klänge eines Saxophons und das Stimmengewirr und Gelächter glücklicher Menschen schwirren durch die Luft.
Es ist mal wieder Zeit für das immer im Juni stattfindende Sommerfest der Universität Jena. Das jährliche Highlight im Veranstaltungskalender der Stadt findet seinen würdigen Rahmen im Griesbachschen Garten, direkt über den Dächern des prächtigen Damenviertels. Am 26. Mai 1789 hielt Schiller seine Antrittsvorlesung an der Universität, die heute seinen Namen trägt. Mit dem traditionellen Schillertag Ende Juni wird dieses besonderen Ereignisses vor mehr als 230 Jahren gedacht und es wird gefeiert.

TIPP
Von der Philosophenweg-Mensa ist der Weg durch den Garten eine Abkürzung zum Damenviertel und Planetarium.

Aber auch sonst, ohne sommerliche Festivität, ist der kleine Park im englischen Stil mit dem schmucken Griesbachhaus ein idyllischer Anziehungspunkt und ein schöner Ort zum Verweilen. Hier tanken Studenten Kraft, bereiten sich auf die nächste Vorlesung vor, tratschen über die Kommilitonen, und Dozenten halten einfach ein Nickerchen unter den alten Bäumen.
Schließt man die Augen, kann man sich gut vorstellen, wie die hochherrschaftliche Gesellschaft im 18. Jahrhundert das Anwesen belebte, fachliche Diskussionen führte und die Damen im eleganten Kleid mit Hut und Schirmchen im Park lustwandelten.
Die Sommerresidenz des Jenaer Theologen Johann Jakob Griesbach (1745–1812) war ein beliebter Treffpunkt für zahlreiche Persönlichkeiten, die in Jena lebten und lehrten. Das Who is Who der deutschen Klassik gab sich im Gartenhaus ein Stelldichein. Darunter so bedeutende Namen wie Hegel, Fichte, Herder, Wieland, Goethe und die Gebrüder Humboldt. Das schmucke Haus ist auch als Prinzessinnenschlösschen im Volksmund bekannt. Das liegt sicher daran, dass Großherzogin Maria Pavlovna und ihre reizenden Töchter das Haus einst als Sommersitz bewohnten. Heute ist das gesamte Areal eine geschichtsträchtige Insel der Glückseligkeit im Herzen der Stadt.

- Griesbachscher Garten, Am Planetarium 7, 07743 Jena
- ÖPNV: Tram 1, 4, Bus 15, Haltestelle Spittelplatz

Unterwegs mit Trixi Trias

37 Auf Saurierpfaden zum Jenzig

Erst kürzlich wurde der landschaftlich reizvolle Aufstieg auf den Berg Jenzig um eine weitere Attraktion bereichert. Nein, nicht, dass der bisherige Aufstieg langweilig war. Der Weg bietet stets herrliche Ausblicke auf das Jenaer Saaletal. Und der Berggasthof auf dem Gipfel lockt seit jeher mit deftiger Küche und kühlen Getränken. Doch schien es, dass dies den Ausflüglern nicht mehr genug war. Eine Attraktion musste her. Und sie kam. Und erhielt dafür 2019 sogar den Thüringer Tourismuspreis. Zur Belebung des 2 Kilometer langen, mittelmäßig anspruchsvollen Aufstiegs haben sich findige Marketingstrategen etwas einfallen lassen. Anlass dafür war der Fund eines Dinosaurierskeletts am Fuße des Jenzigs. Nun ist der Weg mit neun urzeitlichen Erlebnisstationen gespickt. Hier kann je eine täuschend echte Nachbildung aus der Sparte der Dinos bestaunt werden. Trixi Trias, das rote Saurier-Maskottchen, führt über den Pfad und vermittelt Wissenswertes an den Mitmachstationen. Und da wir mittlerweile im Medienzeitalter leben, kann das Wissen zusätzlich und kindgerecht per kostenfreier App auf dem Smartphone abgerufen werden. Ein schöner Nebeneffekt der Attraktionen ist, dass die Kinder gar nicht bemerken, wie sie den Berg erklimmen. Oben angekommen ist eine Fassbrause oder eine Kugel Eis im Freisitz des Gasthofes das i-Tüpfelchen des urzeitlichen Abenteuers. Erwachsene geben sich mit der Aussicht zufrieden. Schwer vorstellbar, dass Jena und die umliegenden Berge einst unter der Meeresoberfläche lagen.

TIPP
Mit einem kleinen Hammer selbst nach Fossilien suchen.

Der Pfad ist ganzjährig und ganztägig kostenfrei erklimmbar. Auch eine Nachtwanderung mit Taschenlampe ist somit jederzeit problemlos möglich. Die letzte Station des Saurierpfads liegt kurz hinter dem Gasthof. Als Verlängerung der Wanderung ist das Hufeisen in Richtung Lasaan und Kunitz sehr zu empfehlen. Wem es bis hierher reicht, der lässt sich entspannt talabwärts treiben und garniert den Ausflug mit einem Sprung in die kühlen Fluten des Ostbades.

- Saurierpfad, Station 1, Am Jenzig, 07749 Jena, Tel. (0 36 41) 4 98 94 70 www.saurierpfad.de
- ÖPNV: Tram 2, Bus 410, 411, Haltestelle Jenzigweg

„Raubschloß Puffart“

38

Ganz viel entdecken in Buchfart

Im schönen Ilmtal, 20 Kilometer westlich von Jena, schlummert ein putziges Dorf: Buchfart. Mit seinen Fachwerkhäusern, umgeben von Wald und Wiesen, liegt es direkt am Goethewanderweg. Immer dieser Goethe! Aber ja, er ist eben hier entlanggewandert, als er vom Hof in Weimar über Buchfart, Saalborn und Neckeroda bis nach Großkochberg wollte, um dort seine Freundin Charlotte von Stein in ihrem Schlösschen zu besuchen. Und dabei hat er etwas entdeckt: „Kennst du die Burg, gegraben in bergigen Felsen, der aus dem Tale hochragend zum Himmel emporstrebt? Wellen der Ilm umspülen den Fuß ihr“, schrieb er seinem Freund in Bad Berka, dem Kantor Friedrich Heinrich Schütz. Wovon redet Goethe da?

Am besten sieht man die „Felsenburg“ bei der Anfahrt nach Buchfart von Bad Berka aus links liegen. Eigentlich sind es Höhlen, die den Bewohnern des Dorfes vor allem im Mittelalter als Zuflucht dienten. Bemerkenswert ist ihre Entstehung: In der Eiszeit lag die Ilm etwa 25 Meter höher als heute, und sie war es, die das Gestein auszuhöhlen begann. Die Menschen haben dann weitergebaut, es gab Tore, Pfeiler, Säulen und sogar eine Kirche! Ein unterirdischer Gang führte vom Dorf hinauf zur Höhlenburg – wie herrlich geheimnisvoll. Im Jahr 2009 fanden Sicherheitsarbeiten an der Burg statt, und der Zugang wurde abgesperrt. Doch der Blick auf und die Mystik um das „Raubschloß Puffart“, wie die Höhlen um 1755 noch genannt wurden, bleibt.

TIPP

Brot und Kuchen im Mühlenladen kaufen; www.buchfarter-muehlenladen.de

Und es gibt noch mehr zu sehen. Zum Beispiel die Pfeiffer-Mühle. Wenn man das Glück hat, an der großen hölzernen „Futterkrippe“ direkt an der Ilm ein Plätzchen zu bekommen, ist der perfekte Moment an einem perfekten Ort gefunden. Vor den Augen die Mühle mit dem riesigen Wasserrad und dem Wehr, rechts der Blick auf die denkmalgeschützte überdachte Holzbrücke von Buchfart – ein Dorf wie aus dem Bilderbuch, versteckt zwischen den Hügeln des Weimarer Landes. Dazu ein Softeis aus dem Ilmtalstübchen, und das Leben ist schön.

● 99438 Buchfart

Der Gleistalwinzer

39

Das Weingut Proppe in Löberschütz

Ein dezentes Ginkgo-Blatt am Hoftor weist auf das Weingut Proppe hin. Es ist das Symbol des Weingutes und ziert jede Flasche, die das Gut verlässt. Der Baum mit seinen fein gegliederten Blättern steht symbolisch für ein langes Leben und Glück. Außerdem werden ihm besondere Heilkräfte nachgesagt. Schon Johann Wolfgang von Goethe, berühmter Dichter und ständiger Gast im mittleren Saaletal, wusste um die Besonderheit des Baumes und verewigte dies in einem Gedicht an seine späte Liebe Marianne von Willemer.

Ob die edlen Tropfen vom Weingut Proppe auch ein langes Leben bescheren, bleibt offen. Sie erfreuen auf jeden Fall Gaumen und Gemüt. Das Weingut in Löberschütz liegt traumhaft schön im Gleistal, einem Seitenarm des Saaletals. Sanft ziehen sich die so typischen Muschelkalkhänge die Berge hinauf. Und auf mittlerweile 6 Hektar stehen die Rebstöcke von Wolfram Proppe und seiner Familie. 6 Hektar, das klingt nicht viel und nicht wenig. Dass es sich dabei um ungefähr 25.000 einzelne Rebstöcke handelt, klingt schon beeindruckender. Neben Riesling, Kerner und Chardonnay gedeiht hier in dem milden, weinfreundlichen Mikroklima des Saaletals auch die hier recht unbekannte Rebsorte Auxerrois. Die weiße Rebsorte, ursprünglich aus der Grafschaft Auxerre in Frankreich, bringt vorzügliche Weine hervor. Jeden Dienstag und jeden ersten Samstag im Monat kann man sich vor Ort davon überzeugen. Dann ist der Hof für alle offen, und die Gleistalwinzer stehen für Fragen bereit. Und wenn die Trauben gelesen, die Ernte eingefahren und der Wein gekeltert ist, dann endet das Jahr mit einem großen Hoffest. Dann wird das Glück in die Gläser gefüllt und zur Musik das Tanzbein geschwungen. Wem das zu trubelig ist, der steigt in 20 Minuten hoch auf die Zietschkuppe. Der mächtige Muschelkalkfelsen thront über dem Gleistal und dem Dörfchen Löberschütz. Der Blick schweift verträumt in die schöne Ferne. Nur sanft erklingt die Musik vom Hoffest hierherauf. Einfach nur schön!

TIPP

Die Zietschkuppe besteigen.

- Weingut Proppe, Dorfstraße 3, 07751 Löberschütz, Tel. (0 36 41) 2 96 35 14
  www.wolfram-proppe.de
- ÖPNV: Bus 431, Haltestelle Löberschütz

Die etwas andere Gärtnerei

40

Michael Puffs Wasserpflanzenparadies

Eine Gärtnerei für Wasserpflanzen, ausschließlich für Wasserpflanzen. Das ist nicht alltäglich. Doch hier, im nördlichen Saaletal in Jena unweit des Saaleufers, gibt es so etwas. Ein Paradies für Wasserpflanzen und den Hobbygärtner. Schon beim Betreten der gepflegten Anlage wird die Neugier geweckt. Was wächst da so alles heran? Libellen schwirren im Sumpfgras, Schmetterlinge schweben über Blüten, und Wasserläufer trippeln auf dem Wasser. Bienen und Hummeln fühlen sich hier bei dieser Fülle an bunten Blumen wie im Schlaraffenland. Nicht weit entfernt fließt die Saale, und immer im Blick ist die markante Nase vom Jenzig. Einfach ein herrlicher Ort zum Verweilen. Der Inhaber Michael Puff bietet in Hochbecken und Teichen mehr als die ordinäre Seerose. Hier wachsen auch Pflanzen mit so wohlklingenden Namen wie Blutweiderich, Wollgras, Gauklerblume, Hechtkraut, Eidechsenschwanz und Feenmoos. Doch aufgepasst: Die meisten Wasserpflanzen sind giftig. Einige bringen glücklicherweise einen schönen Nutzen mit sich. So lindern die Blätter des Fieberklees Entzündungen. Die Wasserminze, der Sumpfampfer und der Bachnelkenwurz schaffen es sogar als kulinarische Ergänzung auf unsere Teller. Die Blätter des Bachnelkenwurzes bereichern den Salat und schmecken in Salzwasser gekocht einfach köstlich. Michael Puff steht mit Rat und Tat zur Seite und weiß genau, welche Pflanze in welche Uferzone gesetzt werden muss, und hält so manchen Kniff parat. Alle Gewächse werden hier gesät und herangezogen. Und das in liebevoller Eigenregie. Erst kürzlich gelang es dem Betreiber, einen weiß blühenden Blutweiderich zu züchten. Eine Sensation. Denn die Pflanze blühte bisher nur in diversen Rosatönen. Die Hingabe, mit welcher hier zu Werk gegangen wird, ist spürbar. Ein Glück nicht nur für die Insektenwelt.

Übrigens, auch wenn bekannt, ist die Seerose der Klassiker schlechthin und immer wieder hübsch anzusehen. Also am besten solch einen Farbtupfer für den eigenen Garten mitnehmen und sich jeden Tag daran erfreuen.

TIPP

Weiß blühenden Blutweiderich bestaunen.

- Sumpf- und Wasserpflanzen Michael Puff, Dornburger Straße 136, 07743 Jena, Tel. (0 36 41) 42 69 32
- ÖPNV: Bus 430, Haltestelle Löbstedter Straße

Auf Goethes Spuren

41 Der Erlkönig am Fuße des Jenzig

„Wer reitet so spät durch Nacht und Wind, es ist der Vater mit seinem Kind."

Wer kennt diese Zeilen nicht? Doch wer kennt schon den Ort des Geschehens? Zwischen Wenigenjena und Kunitz, direkt am Saaleradwanderweg, befindet sich ein friedliches Plätzchen unter hochgewachsenen Kastanienbäumen und knorrigen Weiden. Jenaer und Jenenser, wie sich die in Jena Geborenen stolz nennen, kennen diesen Flecken als „der Erlkönig". Mächtig ragt die männliche, übermannsgroße Skulptur vor den zerklüfteten und so markanten Kalksteinfelsen des Saaletals empor. Zu Fuße der Skulptur liegt ein glasklarer Teich, in dem sich Goldfische und Kammmolche tummeln. Am Ufer wächst Schilf, dazwischen tanzen schillernde Libellen, Frösche sonnen sich auf warmen Steinen. Ein herrlicher Ort zum Seele-baumeln-Lassen. So einfach und doch so schön. Die Skulptur zeigt den Erlkönig, jene sagenumwobene Gestalt, nach der Goethes berühmte Ballade benannt ist. Warum hier? Goethe, der sich gern in Jena aufhielt, wurde zu dem Werk durch die Geschichte eines Bauern inspiriert, von der er im nahen Gasthof Grüne Tanne gehört hatte. Der Sohn des Bauern war sehr krank, und so ritt der Mann von seinem Dorf Kunitz zum Arzt ins 5 Kilometer entfernte Jena. Doch leider schaffte es der Junge nicht. Der Erlkönig nahm ihn mit in sein Reich – so Goethe. Ziehen die nächtlichen Nebel durch das Saaletal, mag man daran keinen Zweifel haben. Von der Tragik der Geschichte ist bei schönem Wetter an diesem Ort nichts zu spüren. Das Sonnenlicht malt wundervolle Schattenspiele auf die glatte Oberfläche des Teichs, und der Wind rauscht sanft in den Kronen der Bäume. Ein Ort zum Krafttanken und In-sich-Kehren. Die gefiederten und beschuppten Bewohner des Teichs schnappen freudig nach mitgebrachten Brotkrumen. Oben von der Skulptur und den dahinterliegenden Felsen ergibt sich ein neuer Blickwinkel auf das Areal und das Saaletal.

TIPP

Die glitzernden rosafarbenen Gipsschichten aufspüren.

● Erlkönig, Am Erlkönig, 07749 Jena

Chilliges Dreieck

42

Vom Theatercafé zum Gartenlokal ins Grünowski

Hier fällt die Entscheidung schwer – oder auch leicht, wenn man plant, alle drei Kultkneipen, die sich auf 100 Metern im Schillergässchen aneinanderreihen, zu besuchen. Denn jedes dieser drei Lokale ist eine Oase für sich, und einfach jedes verdient einen Besuch. Oder zwei. Oder drei.

Los geht's mit dem Theatercafé – einer Institution in Jena. Vor allem wenn im Sommer gleich nebenan die KulturArena rockt, sind die Plätze hier ruckzuck ergattert. Im Zeitgeist der goldenen 20er-Jahre – die Menschen sehnten sich nach Leichtigkeit und der Schönheit des Lebens – sitzt man innen auf ledernen Chaiselongues vor Ornamenttapete, die hölzernen Stühle imitieren den sachlich-eleganten Stil der Bauhaus-Zeit, während draußen studentische Biergartenatmosphäre herrscht. Was fehlt noch zum Glücklichsein? Nichts. Ringsherum lachen und quatschen gut gelaunte Menschen, schummriges Licht schafft gemütliche Atmosphäre, frisch Gezapftes versorgt die Kehle und gute Musik die Ohren. Die Discokugel hängt bereit, denn zu späterer Stunde verwandelt sich das Café an den Wochenenden gerne mal in einen Tanzclub. Ach ja. Zu essen gibt es hier auch. Was will man mehr? Höchstens ein bisschen mehr Gartenfeeling, das geht gleich gegenüber. Nach dem Motto „Im Garten Daheme" macht man es sich hier zwischen Stauden und Palmenkübeln auf Palettensitzen und Biergartenstühlen gemütlich, bunte Lichterketten wetteifern mit Omas Wohnzimmerlampe – ohne Frage ein witziges Accessoire. Mit Blick auf die Sternwarte Urania schmecken hier Sommercocktails und kleine Snacks. Wohlfühlen leicht gemacht.

TIPP

Der Bierdeckel aus dem „Garten" ist ein schönes Souvenir.

Nummer drei im Kultgespann ist das Grünowski. Außen hui, innen pfui oder andersrum könnte man vielleicht denken, doch der Shabby-Style gehört seit eh und je dazu und macht gerade den Charme der unkonventionellen Kneipe samt Biergarten mit großen Bäumen aus. Das Essen ist in der Regel spitze, die Preise fair und beim Warten in der Selbstbedienungsschlange kommt man mit anderen ins Gespräch. Perfekt!

● Theatercafé, Schillergässchen 1, 3 und 5, 07745 Jena, Tel. (0 36 41) 44 54 55
www.theatercafe-jena.com
Grünowski, Tel. (0 36 41) 44 66 20, www.gruenowski.de
● ÖPNV: Tram 1, 4, 5, Haltestelle Paradiesbahnhof

SCHORLE

Entdeckerglück

43 Woher die Himmelsscheibe von Nebra kam

Wer hatte ihn nicht schon einmal, diesen Traum: in die Welt zu ziehen, ein berühmter Entdecker zu werden und einen Schatz zu finden. Nur eine Kinderfantasie? So was passiert tatsächlich und ist vor gar nicht allzu langer Zeit zwei Schatzgräbern in den Wäldern um Nebra gelungen, 52 Kilometer nördlich von Jena.

Es war der 4. Juli 1999, als die beiden Raubgräber Henry Westphal und Mario Renner auf dem Gipfel des 252 Meter hohen Mittelbergs mitten im Ziegelrodaer Forst beim Graben im Boden auf etwas Ungewöhnliches stießen. Neben Bronzeschwertern, zwei Beilen, einem Meißel und spiralförmigen Armreifen war eine große Scheibe dabei. Ein Schild? Ihnen egal, sie hatten das Entdeckerglück auf ihrer Seite und verhökerten den Schatz für 31.000 DM an einen Händler. Dass sie später dafür eine Bewährungsstrafe bekommen sollten und mit der Scheibe den weltweit bekanntesten archäologischen Fund Deutschlands geborgen hatten, ahnten Westphal und Renner damals noch nicht. Doch wie Forscher später herausfanden, ist die Himmelsscheibe etwa 3.600 Jahre alt – ein Kultobjekt der frühen Bronzezeit Mitteleuropas.

TIPP

Das Original im Landesmuseum für Vorgeschichte in Halle bestaunen.

Wer nach Nebra kommt, kann vom Besucherzentrum Arche Nebra 3 Kilometer in den Wald hineinwandern und dort den Original-Fundort der Himmelsscheibe sehen. Es ist ein besonderes Gefühl, am Schauplatz eines prähistorischen Spektakels zu stehen und den Fundort eines so bedeutsamen Relikts zu betrachten. Wie berauschend muss es für die Raubgräber gewesen sein, auf einmal den Piepton des Metalldetektors zu hören, zu graben und tatsächlich etwas zu finden!

Doch nicht nur der Fundort ist aufregend, auch die Arche Nebra in Form einer goldenen Sonnenbarke ist wunderbar. Die Ausstellung ist interaktiv, überall kann man anfassen und staunen, virtuelle Figuren hüpfen durch die Vitrinen und erklären die Bronzezeit, ein Kasperltheater erzählt für Kinder die Fundgeschichte, und im Planetarium lehnt man sich zurück und lässt die Sterne sprechen. Es ist so schön gemacht, hier kann man nur glücklich wieder rausgehen.

- Arche Nebra, An der Steinklöbe 16, 06642 Nebra (Unstrut), Tel. (0 34 46) 12 55 20
www.himmelsscheibe-erleben.de
- ÖPNV: RB ab Jena Paradies, Bahnhof Wangen

Der Klassiker

44 Der Lommerweg im Westviertel

Ein milder Sommerabend, Insekten schwirren im Sonnenlicht, die Sonne blinzelt angenehm durch das hohe Blätterdach. Ein kleiner Bach strömt plätschernd dahin. Noch im Zentrum oder mitten in der Natur? In dichtes Grün eingehüllt vergisst man fast die Nähe der Stadt und ihr geschäftiges Treiben.

Den Lommerweg in Jena kennt fast jeder. Ob einfach nur zum Flanieren, zum Joggen oder zum Radfahren – der knapp 3 Kilometer lange Weg, gesäumt von hochgewachsenen Kastanienbäumen, schlängelt sich entlang des Flüsschens Leutra. Zur Rushhour ist hier richtig was los. Dann nutzen ihn zahlreiche Radfahrer als „verkehrsberuhigten" Highway zum Arbeitsplatz und zurück. Doch außerhalb dieser Zeiten zeigt sich hier ein wahres Kleinod, an dem ein ausgiebiger Spaziergang neue Kraft bringt. Vor allem für Kinder hält der Weg so manches Abenteuer bereit. Der ruhige Lauf der Leutra mit seinen kleinen Wasserfällen lädt zum Spielen ein. Der ein oder andere nasse Schuh ist garantiert. Im Herbst werfen die großen Kastanien ihre Früchte, die sich zum Basteln eignen, ab, und Berge von Blättern lassen sich durchrascheln und sind perfekt für eine ausgiebige Laubschlacht. Auch die großzügige Spielplatzanlage mit vielen Sitzgelegenheiten zaubert Kleinen und Erwachsenen ein Lächeln ins Gesicht.

TIPP

Wasserspiele an und in der Leutra bestaunen.

Aufmerksamen Spaziergängern wird es nicht entgangen sein, dass sich an der einen oder anderen Fassade die Jenaer Graffiti-Szene verewigt hat. Das ist mal mehr, mal weniger gelungen.

Übrigens. Was bedeutet eigentlich Lommer? Horst Lommer war Ende des 19. Jahrhunderts Vorsitzender des Verschönerungsvereins der Stadt Jena. Der Jurist brachte mithilfe des Vereins so einige Projekte auf den Weg. So wurde die romantische Drachenschlucht nahe der Papiermühle angelegt und das Landgrafenhaus hoch über der Stadt erbaut. Lommer zu Ehren wurde der Weg entlang der Leutra angelegt und über der Stadt, am Landgrafen, ein Gedenkstein errichtet.

- Lommerweg, 07743 Jena
- ÖPNV: Bus 16, 28, Haltestelle Ebertstraße

Verwöhnparadies

45 Entspannung bei Rawida Thai Spa & Massage

Hach, wie herrlich, sich endlich mal wieder so richtig verwöhnen zu lassen! Den Körper entspannen, den Geist abschalten und den Alltag vergessen. Bei atmosphärischen Klängen und aromatischen Düften beginnt eine Reise ins ferne Thailand. Während die Muskeln gelockert werden und die Haut mit ätherischen Ölen verwöhnt wird, betreten die Gedanken einen buddhistischen Tempel mit vergoldeten Pagoden, der süße Geruch von Jasminblütenketten steigt in die Nase, und in Orange gekleidete Mönche murmeln leise ihre meditativen Gebete vor sich hin. Wannaree, die Chefin des Rawida Thai Spa und Massage im Zentrum von Jena, kommt aus Thailand. Sie und ihr Team aus erfahrenen Masseurinnen, die ebenfalls alle aus dem südasiatischen Land stammen, schaffen es mühelos, Thailandfeeling in ihre Räumlichkeiten zu zaubern.

TIPP

Sich eine 60-minütige Anti-Stress-Massage gönnen.

Rawida bedeutet Licht, und ein Leuchten möchte Wannaree in den Augen ihrer Gäste sehen, wenn sie den Salon nach der Massage wieder verlassen. Mit den verschiedenen Angeboten für jeden Massage-Typus sollte das kein Problem sein. Ob ganz traditionell mit duftenden Aromen oder gezielt gegen Stress. Viele Wege führen nach Rom, äh Bangkok.

Wer es ganz klassisch mag, lässt sich bei der traditionellen Thaimassage strecken und dehnen, wodurch der Energiefluss im ganzen Körper in Schwung kommt. Wer hingegen zur Ruhe kommen möchte, lässt sich bei der Aroma-Massage mit besonders sanften Massagetechniken und hochwertigen naturbelassenen Ölen verwöhnen. Und wer ganz schnell ein Relaxing-Update braucht, kann für eine 20-minütige Quick-Fit-Massage ins Rawida huschen und sich einen Motivationskick für den Tag abholen.

Der Zauber der thailändischen Kultur bringt Harmonie und neues Gleichgewicht in den Alltag – wer könnte da widerstehen.

- Rawida Thai Spa & Massage, Wagnergasse 32, 07743 Jena, Tel. (0 36 41) 7 96 96 33 www.rawida.de
- ÖPNV: Bus 16, 28, Haltestelle Johannisplatz

Rapunzel, Rapunzel …

47 Eine Nacht im Wasserturm in Großheringen

Hier in Großheringen, wo die Ilm in die Saale mündet, steht ganz passend ein Wasserturm. Dass der Backsteinbau weit über 100 Jahre auf dem Buckel hat, das ist ihm nicht anzusehen. Die Tanks, in denen mehrere Kubikmeter Wasser auf den Abfluss warteten, sind längst ausgebaut. Noch bis in die späten 60er-Jahre fütterte der Turm mit seinem Wasser die rauchenden Dampflokomotiven. Doch nun sind die Zeiten wesentlich ruhiger und der Turm zu einem Ort der Entspannung, einem Glücksort, geworden. In großen Lettern steht auf dem Putz geschrieben: Mach doch mal blau! Das klingt gut. Auch wenn die Region um Großheringen so gar nicht für den Anbau von Färberwaid und die Herstellung blauer Farbpigmente bekannt ist, so lässt es sich in dem Wasserturm tatsächlich gut blaumachen. Eine Pause einlegen, eine Auszeit genießen. Der gut ausgestattete Turm verfügt über alle Annehmlichkeiten und bietet auf drei Ebenen Platz für bis zu sechs Personen. Und: es ist der einzige bewohnbare Wasserturm in ganz Mitteldeutschland. Von der obersten Turmkammer eröffnet sich ein 360-Grad-Blick über Großheringen und die hügelige Landschaft ringsum, die auch die „Toskana des Ostens" genannt wird. Doch nicht nur der Turm sorgt für Glücksmomente. Auch im schön angelegten Garten kann man entspannt verweilen. Eine große Kräuterecke überrascht mit allerlei teils unbekanntem Kraut. Selbstpflücken ist natürlich erlaubt. Die Seele baumelt am liebsten in der farbenfrohen Hängematte vor sich hin. Ein gutes Buch und ein laues Lüftchen um die Nase sorgen für wohltuende Entspannung. Genug gebaumelt? Bestens ausgebaute Radwanderwege entlang der Ilm und Saale laden zu ausgedehnten Radtouren durch die herrliche Natur ein. Wem das zu anstrengend ist, der lässt sich mit einem Paddelboot stromabwärts treiben – mit der Vorfreude, am Abend wieder im gemütlichen Turm zu sitzen und den Gedanken nachzuhängen. Der Wasserturm und Großheringen bieten alles für einen unvergesslichen Aufenthalt. Mach doch mal blau!

TIPP

Zum Blaumachen passt ein Besuch im Thüringer Weingut Zahn – Prosit!

- Wasserturm Großheringen, Sulzaer Straße 3, 99518 Großheringen, Tel. (0 36 43) 49 94 56
- ÖPNV: RB ab Jena Paradies, Bahnhof Großheringen

„Mach' doch mal blau!“

Mehr als saftige Früchte

48 Das Obstgut Triebe in Zinna

Das Obstgut Triebe in Zinna bettet sich wundervoll in die hügelige Landschaft zwischen Bürgel und Schöngleina, nur wenige Kilometer östlich von Jena, ein. Weit ziehen sich lange Reihen mit Obstbäumen in die Landschaft hinein. Der Familienbetrieb existiert seit fast 30 Jahren. Schwierig waren die Anfänge. Doch wer nichts wagt, der nicht gewinnt. Mittlerweile ist ein moderner Betrieb entstanden. Auf über 40 Hektar werden leckere Früchte angebaut – von Birnen, Äpfeln, Kirschen und Himbeeren bis zu Johannisbeeren und sogar Weintrauben. Alle Früchte, saftig, fest und makellos, gibt es je nach Saison in dem Betrieb angeschlossenen Hofladen zum Verkauf. Ein Genuss. Am besten gelingen mittlerweile die Kirschen, die nach einer speziellen Anbaumethode gedeihen. Ein flexibles Dach schützt die Früchte vor Regen und gefräßigen Vögeln. Das fruchtige Ergebnis wird immer Anfang Juli zum großen Kirschfest gefeiert. Da ist hier ordentlich was los. Bei Spiel, Musik und Kulinarik pilgern die Leute auf den Hof und erhalten auch Einblick in die Arbeit des Familienbetriebes.

Wenn dann die Gäste von Frucht und Hof schwärmen, empfindet Frau Triebe wahres Glück. Auch das jährlich im Oktober stattfindende Apfelfest macht Laune. Hier wird von den Besuchern stets eine Apfelsorte des Jahres gekürt. Die Rubinette war im Jahr 2020 der klare Sieger. Stolz wird auch die neue Brennereianlage präsentiert. Das kupferfarbene Ungetüm zaubert aus den saftigen Früchten edle Destillate. So können die Aromen der Früchte konserviert und über die kalte Jahreszeit genossen werden, erklärt Frau Triebe mit einem Augenzwinkern. Wem das zu hochprozentig ist, der findet im Hofladen auch jugendfreie Leckereien. Die hausgemachten Marmeladen, Honig aus eigener Imkerei und die gepressten Säfte kommen nicht nur bei den Kleinen gut an. Glücklich verlassen die Gäste das Obstgut mit einer Tüte in der Hand. Die ist oft größer als eigentlich geplant.

TIPP

Vom Gut aus geht es über eine kurze Wanderung zur Ruine des Gasthauses „Lämmchen".

● Obstgut Triebe, 07646 Schöngleina OT Zinna, Tel. (03 64 28) 4 06 68
www.obstgut-triebe.de
● ÖPNV: Bus 473, Haltestelle Schöngleina

When the beat goes on

49 Abfeiern im Kassablanca

Seit mehr als 30 Jahren beglückt der Kassablanca Gleis 1 Verein die Nachtschwärmer in Jena mit gutem Sound jeglicher Couleur. Das „Kassa", wie es kurz heißt, besitzt wahrlich institutionellen Charakter. Mehrere Generationen dürften die heiligen Hallen kennen, am Tresen nach Getränken angestanden und verschwitzt über die Tanzfläche gefegt sein.
Die Lage direkt neben dem Westbahnhof ist perfekt. Hier kann es auch mal etwas lauter zugehen, denn dumpf hallt oftmals der Beat durch die Nacht. In einem alten Lokschuppen breitet sich das nächtliche Leben über zwei Etagen mit Turmcafé aus. Das gesamte Ensemble wirkt zwar etwas shabby und marode, doch darauf kommt es gar nicht an. Denn das Innenleben zählt. Und dazu gehören freundliche Türsteher, flinkes Barpersonal, faire Preise, coole Sounds und ein mitreißendes Flair. Eine bunte, gut ausgewogene Veranstaltungsreihe zieht sich über das ganze Jahr hinweg. Neben den klassischen Disko-Events gibt es hier Live-Konzerte, Poetry-Slams, Lesungen, Podiumsdiskussionen, Ausstellungen, Workshops, Nachtmärkte und mehr. Besonders beliebt ist der einmal im Monat stattfindende Indoor-Tischtennis-Abend. Ohne Eintritt, dafür mit cooler Mucke fliegen die weißen Bälle über die Platten.
Das Schöne an dem Schuppen ist der reichlich vorhandene Platz. Hier gibt es Raum für jede Gefühlslage, die einen so nächtlich ereilen kann. Ist die Tanzfläche zu voll, ist die Flucht auf die Empore ratsam. Unten bewegt sich die Masse weiter zum Takt der Musik. Ist es zu laut, geht's hoch ins Turmcafé. Hier lässt sich entspannt ein Plausch abhalten.
Alles in allem die perfekte Location zum Feiern und Spaßhaben. Spät bzw. früh, wenn die Sonne am Horizont kratzt und die ersten Vöglein erklingen, verlassen die letzten Gäste das Kassa und fallen kurz darauf glücklich und müde in die Federn. Das Kassablanca in Jena, ein wirklich cooler Schuppen im wahrsten Sinne des Wortes.

TIPP

Kingpong-Abend – Tischtennis zu dicken Beats.

- Kassablanca, Felsenkellerstraße 13 a, 07745 Jena, Tel. (0 36 41) 2 82 60 www.kassablanca.de
- ÖPNV: Bus 15, 41, Haltestelle Jena West

Was für ein Ausblick

50 Der Mönchsberg über Jena Göschwitz

Steil zieht sich der schmale Weg von Alt-Winzerla hinauf. Nach gut einer halben Stunde ist der Mönchsberg erklommen, verschwitzt und etwas aus der Puste. Dafür entlohnt ein breites Panorama auf das unten liegende Saaletal. En miniature flitzen die Autos über die Straßen und knallrote Züge über Gleise. Eine große Modelleisenbahnplatte breitet sich vor den Augen aus. Gegenüber hängt die Lobdeburg wie ein Schwalbennest über dem Stadtteil Lobeda, und in der Ferne thront erhaben die Leuchtenburg. Ein aufregendes Gefühl ist es, hier oben zu stehen und sich den Wind durch die Haare wehen zu lassen. Der anstrengende Aufstieg auf den Mönchsberg ist schnell vergessen. Aber Vorsicht! Die Steilkante fällt 30 Meter tief ab. Ein sicherer Abstand kann nicht schaden. Das Gelände hat eine bewegende Geschichte hinter sich. Bis in die 70er-Jahre wurde am unterhalb gelegenen Steinbruch Kalkstein für die Zementproduktion abgebaut. Eine Seilbahn brachte das Material ins Tal. Später kam das russische Militär zum Üben. Ein wilder Schrottplatz Anfang der 90er-Jahre brachte die Verantwortlichen endlich zur Besinnung, und das Areal wurde zum Landschaftsschutzgebiet ausgerufen. Seitdem kann sich in der steppenartigen Landschaft die Natur wieder ungestört ausdehnen und sich das zurückholen, was ihr gehört. Orchideen finden hier und im angrenzenden Leutra-Tal perfekte Bedingungen. Und der seltene Uhu brütet ebenfalls im Gelände. Beim Blick über die Steilkante runter in den Steinbruch ist ein auf dem Boden ausgelegtes Labyrinth zu erkennen. Es erinnert etwas an die Scharrbilder im fernen peruanischen Nazca. Schüler einer nahe gelegenen Waldorf-Schule haben das Labyrinth entstehen lassen. Die aus Steinen gelegten Herzen daneben zeugen von so manchem Liebesbeweis, der dann von hier oben glücklich präsentiert und hoffentlich mit einem Kuss belohnt wurde. Ach wie lustig wäre es, wenn die alte Seilbahn jetzt noch in Betrieb wäre …

TIPP

Einfach mal das Steinlabyrinth ablaufen.

- Mönchsberg, 07745 Jena
- ÖPNV: Tram 2, 3, Haltestelle Winzerla

Lass es raus

51 Paintball in Tautenhain

Es mag etwas verrückt klingen, doch ein Besuch auf der Paintball-Anlage in Tautenhain bei Gera kann durchaus den Adrenalinspiegel nach oben treiben und so manches Glückshormon in die Blutbahn schießen. Dass die sportliche Bewegung, teils über mehrere Stunden an der frischen Luft, dem Körper guttut, ist sicher unbestritten. Auf dem 85.000 Quadratmeter großen Gelände breiten sich in dicht bestandenem Wald mittlerweile 13 abwechslungsreiche Abenteuerspielfelder aus. Da kommt garantiert keine Langeweile auf. Jedes Feld für sich hat seine eigenen Charakteristika und fordert die Spieler auf unterschiedlichste Art und Weise heraus. Die Teams bestehen in der Regel aus drei bis sieben Spielern. Das größte Feld fasst jedoch bis zu 60 Spieler. Action und Spannung sind da vorprogrammiert.

TIPP

Für noch mehr Gaudi im Leihkostüm spielen – einfach mal ausprobieren.

Nach umfangreicher Einweisung in Ausrüstung, Regelwerk und Gerät kann es dann auch schon losgehen. Schutz suchen, decken, robben, rollen. Der Dreck und Schlamm an den Klamotten stören nur anfänglich. Das ist eigentlich egal, denn so ein Besuch eignet sich bestens dazu, den Kleiderschrank mal auszumisten. Irgendwann ist der Schmutz auch vergessen und wird vom Nervenkitzel überdeckt. Mit Mut und Geschick geht es aus der Deckung. Schuss. Treffer! Da sind sie, die Glückshormone. Kurz darauf verfehlt ein blauer Farbball, auch Paint genannt, nur knapp sein anvisiertes Ziel und zerspringt an einem Baumstamm hinter der Zielperson. Glück gehabt. Doch dann passiert es doch. Treffer! Für 5 Minuten ruht das Spiel. Dann geht es weiter. Ganz praktisch sind die einzelnen Ruhezonen, die jeweils zu den Feldern gehören. Hier gönnen sich die Teams nach dem Spiel eine Erholungspause und stärken sich. Es werden vom Betreiber sogar kleine Snacks und kühle Getränke angeboten. Nach durchschnittlich 4 Stunden enden die kräftezehrenden Spielrunden. Ausgepowert und zufrieden verlassen die Teams das Gelände und planen schon eine baldige Rückkehr. Aber jetzt gibt es erst mal eine heiße Dusche.

● Paintball Jungle Tautenhain, Zum langen Tal 1, 07639 Tautenhain, Tel. (01 63) 8 74 68 98, www.paintball-jungle.de

Wenn's mal regnet

52 Auf in die Thulb

Thulb, das ist die Abkürzung für die Thüringer Landesbibliothek am Bibliotheksplatz unweit des Universitätshauptgebäudes. Die Hochschulbibliothek der Friedrich-Schiller-Universität Jena ist eine riesige Bücherbox mit einer futuristischen Glasfassade. Jeder, der im Auto davor an der Ampel steht, schaut auf. Die Bibo aus Stahl und Glas ist ein wunderbarer Kontrast zum grünen Botanischen Garten gleich gegenüber. Wenn es in Jena regnet, ist die Thulb ein geeigneter Ort, um hier ein paar Stunden zu verbringen. Denn nicht nur Studenten dürfen hinein, auch Gäste sind willkommen und benötigen dazu nicht mal einen Ausweis. Leihen kann man die Bücher zwar nicht, aber sich an einen Tisch an der Glasfront setzen und in Ruhe in Büchern schmökern, ist bedingungslos erlaubt. Die Bandbreite an Themen ist riesig: Archäologie, Philosophie und andere Geisteswissenschaften, Medienwissenschaften, Naturwissenschaften, Wirtschaft und Recht, es gibt Zeitschriften und Filme aller Art – die Zeit vergeht im Flug. Hervorgegangen ist die Thulb aus der Bibliothek der Kurfürsten von Sachsen – mehr als 500 Jahre Sammlungsgeschichte stecken hierdrin, darunter ein paar echte Schätze. Handschriften und Drucke aus der Gründungszeit lagern hier und sind nur auf Anfrage und mit einem begründeten Forschungsinteresse in einem Sonderlesesaal einsehbar. Rund ein Zehntel der etwa 3.400 Handschriften der Thulb-Sammlung stammt sogar aus dem Mittelalter.

TIPP

Im Ausstellungsraum im Foyer finden regelmäßig Wechselausstellungen statt.

Besonders stolz ist die Bibliothek auf Druck B der „Deutschen Messe" Martin Luthers aus dem Jahr 1526, den die UNESCO gemeinsam mit weiteren Handschriften und Drucken früherer Werke Luthers aus anderen Bibliotheken und Archiven zum Weltdokumentenerbe erklärte. Wer sich auf den Besuch vorbereiten möchte, kann vorab eine virtuelle Reise durch die Bibo unternehmen. Im Streetview-Modus kann man sich in Regale zoomen, bekommt die Funktionsweise der Ausleihen erklärt und kann auch schon nachschauen, in welcher Etage und in welchem Gang die gewünschten Bücher stehen.

- Thulb, Bibliotheksplatz 2, 07743 Jena, Tel. (0 36 41) 9 40 41 00
  www.thulb.uni-jena.de
- ÖPNV: Tram 1, 4, diverse Busse, Haltestelle Universität

ThULB

Aber bitte mit Sahne

53

Das Café Brandmarken

Mitten im Zentrum von Jena, unweit des Marktplatzes in der Saalstraße, liegt das Eldorado für Schleckermäuler schlechthin. Unscheinbar hinter der Fassade eines sozialistischen Plattenbaus verbirgt sich eines der besten Cafés der Stadt, das Café Brandmarken. Schon das Ambiente ist ein echter Hingucker. Es liegt irgendwo zwischen Retro, Vintage und Barock. Man taucht ein in eine andere Welt. Tief sinkt man in die hohen, samtbezogenen Sessel. Durch die großen Fenster kommt nicht nur viel Tageslicht in die Räume, man kann auch wunderbar das geschäftige Treiben in der verkehrsberuhigten Zone beobachten und dabei in aller Ruhe seinen Milchkaffee genießen. Ein Stück Kuchen dazu darf natürlich nicht fehlen. Denn für die leckeren Torten und Tartes ist das Café Brandmarken bekannt.

TIPP
Unbedingt Tisch reservieren.

Ein Blick in die Kuchentheke stellt sich als kleine Herausforderung dar. Denn bei der großen Auswahl weiß man gar nicht, was man nehmen soll. Der Himbeer-Schoko-Kuchen sieht klasse aus. Oder besser doch die Käse-Mango-Torte. Nein, es wird der Orientalische Orangenkuchen, erst mal.

Und der ist wirklich ein Gedicht. Das verlangt nach mehr. Hüftgold ist garantiert. Aber was soll's. Man gönnt sich doch sonst nichts …

Der Service ist auf Zack und superfreundlich. Die jungen Betreiber können nicht nur süße Kuchen backen. Täglich ab 9 Uhr wird im Brandmarken Frühstück serviert. Wie könnte es anders sein. Auch hier die Qual der Wahl. Vieles bio, teils vegan, aber alles mit Liebe und von Hand bereitet. Über die Mittagsstunden werden knusprige Panini mit herzhaftem Belag angeboten. Die hausgemachten Limonaden aus Früchten der Saison erfrischen köstlich. Das tolle Konzept des Cafés Brandmarken geht super auf. Vollbesetzte Tische zeugen davon. Deshalb ist eine Reservierung ratsam. Seit Neuestem kann man seine Lieblingstorte für zu Hause ordern. Einfach mindestens zwei Tage vorher bestellen, abholen und mit Freunden oder wem auch immer genießen.

● Café Brandmarken, Saalstraße 12, 07743 Jena, Tel. (03 66 91) 5 64 60 41
www.brandmarken-jena.de
● ÖPNV: Tram 1, 4, diverse Busse, Haltestelle Universität

10

Von modernen Glücksrittern

54 Das Wasserschloss in Kapellendorf

Zwischen Jena und Weimar, etwas versteckt im Abseits, schlummert ein Geheimtipp. In dem verschlafenen Dörfchen Kappellendorf liegt die gleichnamige Wasserburg. Das verwunschene Bauwerk aus frühmittelalterlicher Zeit zieht mittlerweile von nah und fern Glücksritter in seinen Bann auf der Suche nach Ruhe, Erholung und Abenteuer, gepaart mit einem kulinarischen Genuss im Burghofcafé. Über eine imposante Steinbrücke, die über den mächtigen, mit Wasser gefüllten Burggraben führt, wird der große, mit einer grünen Wiese bedeckte Burghof betreten. Hier gibt es jede Menge Platz zum Rumtoben, Erkunden und Picknicken. Mehrmals im Jahr finden kulturelle Events statt, wie der Töpfermarkt am Tag des offenen Denkmals. Wer sich hier nicht von der Fülle und Kreativität der feilgebotenen Töpferwaren verleiten lässt, ist selber schuld. Auch das etablierte Burghoftheater führt regelmäßig in den Sommermonaten sein illustres Programm auf. Seit Kurzem nimmt das Café Lessig seinen Platz im Burghof ein. Hausgebackene Kuchen, handgemachtes Eis und duftende Kaffeevariationen verwöhnen die Gaumen der Besucher. So ist für alle, auch ohne Picknickkorb im Gepäck, gesorgt. Langeweile kommt hier wirklich nicht auf. Im Burgmuseum kann man sich mit Wissen versorgen. Die Kleinen bekommen kindgerecht spannende Themen der Burggeschichte erzählt. Auch Führungen sind nach Anmeldung möglich. Der begehbare Wehrgang – nur für Schwindelfreie – und der kleine Wanderweg rund um die Burg geben interessante Einblicke auf die beeindruckende Anlage. Übrigens sind in den historischen Gemäuern auch Feierlichkeiten möglich. Wenn mal wieder Konfetti im Burghof liegt, dann wurde wohl gestern ein Bund fürs Leben geschlossen und ausgiebig gefeiert. Die Wasserburg Kapellendorf, ein wirklich schöner Ort für unvergessliche Glücksmomente.

TIPP

An der Schatzsuche im Museum teilnehmen.

● Wasserburg Kapellendorf, Am Burgplatz 1, 99510 Kapellendorf, Tel. (03 64 25) 2 24 85, www.burg-kapellendorf.de

● ÖPNV: Bus 280, Haltestelle Kapellendorf

Ab in die Tropen

55

Der Botanische Garten

So viele Klimazonen in kurzer Zeit erleben, das gibt es eher selten. Vom trocken-klimatisierten Sukkulenten-Haus über das feuchtwarme Palmenhaus zum wohltemperierten Victoria-Haus. Auf dem über 4 Hektar großen Gelände im Zentrum der Stadt werden mehr als 10.000 Pflanzen jeglicher Couleur, Herkunft und Größe präsentiert. Gut beschildert, weiß der Besucher sofort, was er da vor sich hat.

Der Botanische Garten in Jena ist der zweitälteste seiner Art in Deutschland. Was im Jahre 1586 als medizinischer Garten zur Ausbildung der Mediziner und Pharmazeuten der benachbarten Universität angelegt wurde, ist heute Besuchermagnet vieler Touristen und der Einwohner Jenas. Seine Funktion als Forschungseinrichtung für diverse Fakultäten der Jenaer Universität hat der Garten nie verloren. Glücklicherweise werden hier auch gefährdete Pflanzenarten geschützt und vor dem Aussterben bewahrt. Viele kleine, teils unscheinbare Attraktionen sind in der Anlage zu finden. Fällt die schwere Tür des Palmenhauses ins Schloss, sind die Tropen spürbar nahe. Wasser plätschert angenehm, die Atemluft riecht erdig, die Luftfeuchte legt sich dünn auf die Haut. Ab und an ist ein hohes Pfeifen zu hören. Das sind die kleinen Bewohner des Palmenhauses, die Pfeiffrösche. Gute Ohren und Augen sind nötig, um die 1 Zentimeter großen Frösche auf einem Blatt sitzend zu entdecken. Im Victoria-Haus tummeln sich andere tierische Bewohner unter den riesigen Blättern der Victoria-Seerose. Ungefähr 50 Piranhas teilen sich das Becken unter den bis zu 2 Meter großen, kreisrunden Blättern. Auch der parkähnliche Außenbereich ist reizvoll gestaltet. Vor allem die umfangreiche Sammlung an Nutz- und Heilpflanzen ist aufschlussreich. Auch stehen hier einige der imposantesten Bäume Deutschlands. Die 20 Meter hohe Ungarische Eiche ist in der Tat sehr beeindruckend. Ergänzt wird die pflanzliche Schau durch Ausstellungen des Jenaer Kunstvereins. Und einmal jährlich schwirren exotische Klänge durch die Luft. Dann ist Karibische Nacht mit heißen Rhythmen und kühlen Getränken.

TIPP

Suche im Palmenhaus den Pfeiffrosch.

- Botanischer Garten, Fürstengraben 26, 07743 Jena, Tel. (0 36 41) 94 92 74
www.botanischergarten.uni-jena.de
- ÖPNV: Bus 16, 28, Haltestelle Johannisplatz

Kopf im Sand?

56 Die Täler Straußenfarm in Hellborn

Ein Besuch auf der Straußenfarm der Familie Müller in Hellborn bei Renthendorf ist eine Reise wert. Inmitten grüner Landschaft zwischen Feldern und Wäldern leben an die 250 Strauße. Inhaber Steffen Müller weiß alles über diese großen, schnellen, aber flugunfähigen Vögel und deren Aufzucht. Auch was es mit dem Kopf und dem Sand auf sich hat. Die ungewöhnlichen Großvögel aus Afrika bringen bis zu 150 Kilogramm auf die Waage und können bis zu 70 Stundenkilometer schnell rennen. Der Strauß ist wirklich ein Geschöpf der Superlative. Die Eier der Hennen wiegen 1200 bis 1800 Gramm und entsprechen etwa zwei bis drei Packungen mit Hühnereiern. Der kulinarische Genuss ist nicht ganz preiswert, aber dafür etwas Besonderes. Im Hofladen gibt es aber nicht nur Eier zu kaufen. Der Strauß bringt es auf eine erstaunliche Angebotspalette. Aus den Eiern werden Nudeln und Eierlikör gefertigt, aus den kräftigen Eierschalen originelle Stehlampen gestaltet. Die fettenden Straußenfedern vollbringen zu Wedeln gebündelt wahre Wunder im Haushalt. Und aus dem zarten und fettarmen Fleisch werden frische und geräucherte Wurstwaren bereitet. Wie es schmeckt? Wie ein Zwischending aus Wild und Rind. Die Straußenfleisch- Salami ist schnell aufgegessen. Beim Hoffest, das jedes Jahr im September stattfindet, gibt es aus Straußenfleisch sogar Bratwürste vom Rost. Herr Müller führt gerne in einer fachkundigen Tour zu den Gehegen. Auf einer ausgedehnten Wanderung durch die Umgebung sind die Strauße auf den großflächigen Weiden zu beobachten. Wer mutig ist, lässt sich von der flachen Hand ein paar Körner picken. Auch wenn es leicht zwickt, so ist es ein tolles Gefühl, diesen großen Vogel mit seinem kleinen Kopf und den riesigen Augen so nah zu sehen. Der Hof bietet auch mehrere Stellplätze für Wohnmobile. Beim abendlichen Sonnenuntergang, wenn sich der Himmel über Hellborn gelbrot färbt und ab und an ein löwenähnlicher Ruf des Vogel Strauß von der Weide herüberklingt, dann ist Afrika gar nicht mehr so weit weg.

TIPP

Im September ist Hoffest!

● Täler Straußenfarm, Hellborn 29, 07646 Renthendorf OT Hellborn, Tel. (03 64 26) 5 04 95, www.taeler-straussenfarm.de

Alles Käse, oder was?

57

Die Clodramühle bei Gera

50 Kilometer östlich von Jena liegt in landschaftlich reizvoller Umgebung die Clodramühle, auch als Clodrahammer bekannt, eine alte Wassermühle. Da die Kraft des Wassers hier schon seit Jahrzehnten nicht mehr genutzt wird, haben die alten Gemäuer eine andere Verwendung gefunden. Hier reift nun Käse zu aromatischen Geschmackserlebnissen heran. Die Idee zum Käse hatten Anja und Peer Salden. Um die 30 Schafe verschiedenster Rassen stehen auf den umliegenden Wiesen und mampfen fleißig Gras. Denn gesundes Futter ist der Grundstoff für gute Milch, die später zu gutem Käse verarbeitet wird. Gemolken werden die Schafe zweimal am Tag. So kommen 20 bis 50 Liter Milch täglich zusammen, die auch gleich verarbeitet werden. Nur im Winter wird den Tieren eine Pause gegönnt. In dieser Zeit sammeln die Schafe neue Kraft für den Nachwuchs, der im Frühjahr kommt. Aus der frisch gemolkenen Schafmilch wird der Käse gewonnen. Ohne Wärmebehandlung wird die Milch direkt als Rohmilch verarbeitet. Die Geschmacksknospen danken es. Je nach Behandlung, Aromen und Reifedauer sind ganz unterschiedliche Käsetypen machbar. Es gibt einen Schnittkäse nach Gouda-Art, einen Hartkäse, dem italienischen Pecorino ähnlich, den allseits bekannten Feta und natürlich Frischkäse. Jeder für sich ist ein Hochgenuss. Handelsüblicher Käse schmeckt plötzlich nicht mehr. Kein Wunder, denn Käsen ist eine Kunst. Für ganz Wissbegierige und wahre Käseliebhaber bieten Anja und Peer eine Einführung in die Kunst der Käserei an. Der Kurs beginnt ganz früh am Morgen, noch bevor der Hahn kräht, mit dem Melken der Schafe. Nach 6 kurzweiligen Stunden ist es dann vollbracht. Ein kleiner Laib aus Frischkäse liegt in den Händen. Wem das zu mühsam ist, der deckt sich im Hofladen mit Käse ein und genießt entspannt zu Hause.

TIPP

Den Besuch vorher ankündigen.

● Schafhofkäserei Clodramühle, Unterhammer 1, 07980 Berga,
Tel. (03 66 23) 2 33 34, www.clodrahammer.de

Der schiefe Turm von Jena

58

Die Stadtmauer am Pulverturm

Der schiefe Turm von Jena ist einer von ehemals vier Ecktürmen der alten Stadtmauer. Die offizielle Bezeichnung ist Pulverturm. Hier wurde wahrscheinlich das Schießpulver für diverse Auseinandersetzungen mit dem Feind gelagert. Fast märchenhaft mutet der Eckturm mit seinem putzigen Spitzdach und dem mit Zinnen bewehrten Umgang an. Glücklicherweise konnte der schiefe Turm in den 90er-Jahren durch umfangreiche Sicherungsmaßnahmen vor dem Einsturz bewahrt werden. Schon Johann Wolfgang von Goethe in seiner Funktion als Staatsminister hätte den Turm und andere mittelalterlichen Zeugnisse der Wehranlage am liebsten abreißen lassen. Gut, dass das nicht geschehen ist. Heute gehört der 10 Meter hohe Turm zum historischen Stadtmauerensemble. Ein 50 Meter langes Teilstück mit Wehrgang und Schlüsselscharten verbindet den Pulverturm mit dem Johannistor, welches nicht weniger attraktiv das Stadtbild bereichert. Wer es durchläuft, vermasselt wohl seine Prüfung, heißt es unter den Studenten. Also am besten erst nach dem Studium den Weg direkt durch das Tor wagen. Oder ist das etwa Aberglaube? Fakt ist, dass Eindringlinge vom Johannistor aus mit heißem Teer abgeduscht wurden. Einst umlief die Stadtmauer auf 2 Kilometern das pulsierende Herz der Stadt. In ihren dicken Mauern suchten die Jenaer Bürger Schutz vor Angriffen. Damals war es den Bürgern noch gestattet, Spieße zur Verteidigung zu tragen. Einige von ihnen wehrten sich später gegen die Verwendung neumodischer Feuerwaffen. Der Begriff des Spießbürgers war geboren. Zum jährlich stattfindenden Tag des offenen Denkmals kann der Turm samt Mauer und Tor ausführlich erkundet werden. Es ist schon erstaunlich, wie viele Anekdoten dieser kleine Flecken liefert. Auf den Parkbänken davor kann man schön sitzen und die schlendernden Leute beobachten. Mit einer Tasse Kaffee vom Bäcker nebenan ist der Alltag kurz vergessen. Übrigens ist die mittelalterliche Kulisse auch Schauplatz eines kleinen Weihnachtsmarktes. Wenn dann noch Schnee fällt …

TIPP

Wer entdeckt die Schlüsselscharte in der Mauer?

- Stadtmauer, Am Pulverturm, 07743 Jena
- ÖPNV: Bus 16, 28, Haltestelle Johannisplatz

Mit dem Drahtesel unterwegs

59 Entlang des Saale-Radwegs durch Jena

Glücklicherweise hat der Stadtrat von Jena vor vielen Jahren die Bedeutung der Saale für die Stadt und seine Bürger erkannt. Seitdem ist viel geschehen. Promenaden wurden angelegt, Landschaftsschutzgebiete ausgeweitet und ein ordentlicher Radweg geschaffen.

Knapp 12 Kilometer schlängelt sich der insgesamt 400 Kilometer lange Saale-Radweg samt fließendem Gewässer am östlichen Rand des Jenaer Zentrums vorbei. Flussabwärts von Lobeda bis Zwätzen bekommt der Radler einiges zu sehen. Immer im Blick die malerische Kulisse der sanften Muschelkalkhänge und Jenas berühmte Landmarke, der Jen-Tower. Zum Glück ist die Strecke auch für Ungeübte und Fahrradmuffel ein Kinderspiel. Wie gesagt, es geht flussabwärts. Kraftraubende Steigungen sind nicht in Sicht. So kann sich der Radler vollends auf die reizvolle Umgebung konzentrieren. Hauptsächlich führt der Weg durch grüne Auenlandschaften und Parks, nur ein Teilstück ab Burgau verläuft parallel zur Schnellstraße. Hier wird die Fahrt für 10 Minuten etwas unruhiger, bevor man in das grüne Herz der Stadt entlang der Oberaue eintaucht und das altehrwürdige Ernst-Abbe-Sportfeld, die Heimspielstätte des FC Carl Zeiss Jena, passiert.

TIPP

Am Camsdorfer Ufer eine Pause einlegen.

Im anschließenden Seidelpark entspannen sich die Studenten bei Ballsport, Buch und Barbecue am Ufer der Saale. Kurz darauf kommen das Camsdorfer Ufer und Wenigenjena in Sicht. An der neu gestalteten Uferpromenade mit Sitzbänken und Grünflächen rastet man gemütlich. Für den größeren Hunger ist das historische Gasthaus „Zur grünen Tanne“ sehr zu empfehlen. Weiter geht es am Erlkönig vorbei über Feld und Flur bis nach Kunitz mit seiner alten Burgruine.

Schöne Tagestouren nach Kahla im Süden oder nach Camburg im Norden sind von Jena aus gut machbar und schaffbar. Einfach aufsatteln und sich den Wind durch die Haare wehen lassen.

Überhaupt ist der ganze Radweg entlang der Saale eine gute Empfehlung. Von der Quelle in Franken bei Münchberg bis zur Mündung in die Elbe bei Barby gibt es viel zu sehen.

● Saale-Radwanderweg, Jena
www.saaleradweg.de

Über den Wolken

60

Auf dem Flugplatz in Bad Berka

„Wind Nord-Ost, Startbahn 03, bis hier hör' ich die Motoren ..." So heißt es in dem allseits bekannten Song von Reinhard Mey. Das Gefühl von grenzenloser Freiheit wird auch in Bad Berka erlebbar. Vorstandsvorsitzender Bernd Kaufmann erzählt mit leuchtenden Augen vom Verein und seinem Hobby, dem Fliegen. „So mancher Fußgänger kam schon zum Platz und verließ ihn Monate später wieder als Pilot." Ob im Segelflieger, im Kleinflugzeug mit Motor oder als Ultraleichtflieger – alles wird hier gelehrt und praktiziert. Doch zuvor muss die Leidenschaft geweckt werden. Und das gelingt oftmals mit einer einfachen, kleinen Runde im Segelflieger. Gerne nehmen Vereinsmitglieder Interessierte für kleines Geld mit in die Lüfte. Der Höhenflug kann je nach Thermik auch mal etwas länger dauern. Aber 30 Minuten sind immer drin.

TIPP

Nicht zögern, einfach ausprobieren.

Beim Start noch ein wenig angespannt pressen sich die Gäste in die schmale Kanzel des Zweisitzer-Segelfliegers. Wird alles gut gehen? Keine 5 Minuten später ist das leichte Fluggerät in den Himmel gezogen und vom Zugseil ausgeklinkt. Die Anspannung verfliegt im wahrsten Sinne, und ein wohliges Glücksgefühl breitet sich in der Magengegend aus. Nur das leichte Säuseln des Windes ist noch zu vernehmen. Ein grandioser Blick bis weit an den Horizont bietet sich dem Auge. Ruhig liegt der Segler in der Luft. Diese Ruhe überträgt sich auch auf den letzten noch angespannten Muskel. Die Sonne strahlt vom tiefblauen Himmel. Unten Felder, Wälder, kleine Ortschaften. Einfach traumhaft. Die Landung nach einer Dreiviertelstunde ist ein Klacks. Sanft setzt das Gerät auf die grüne Landebahn auf. Wem das Ganze zu aufregend ist, der kann sich auch entspannt auf eine Decke legen, seinen Picknickkorb auspacken und einfach nur den Fliegern nachschauen.

Zum alljährlichen Kinder-Drachenfest ist am Himmel richtig viel los. Zig bunte Drachen tanzen vergnügt im Wind, Kinderaugen strahlen, und der Vereinsnachwuchs ist gesichert. Wer weiß, was für Überflieger später darunter sind.

● Flugplatz und Fliegerclub Bad Berka, Am Hexenberg, 99438 Bad Berka, Tel. (03 64 58) 4 11 73, www.fcbb.de

junior
PH-1433
YE

Ein Ort, der verbindet

61

Die historische Steinbrücke in Burgau

Wenn Steine sprechen könnten, dann gäbe es hier am Burgauer Wehr einiges zu hören. Denn die wunderschöne Natursteinbrücke wölbt sich seit dem Jahr 2004 wieder in voller Pracht über die Saale. Die mittelalterliche Steinbrücke war einst Teil eines bedeutenden Handelsweges, welcher die Ortschaften Burgau und Lobeda verband. Bis in die Anfänge des 15. Jahrhunderts reicht die bewegende Geschichte des steinernen Bauwerks zurück. Wie viele Fuhrwerke müssen über die Brücke gepoltert sein, damit solch tiefe Spurrillen entstehen, wie sie am östlichen Ende der Brücke sichtbar sind. Nach der Sprengung durch die Wehrmacht zum Ende des Zweiten Weltkrieges verfielen die Reste in den sozialistischen Dornröschenschlaf. Glücklicherweise konnten ein engagierter Verein und jede Menge Spendengelder die Brücke in neuem Glanz erstrahlen lassen. Gut 142 Meter führen wieder über neun Rundbögen von einem Ufer zum anderen. Ein Blick von der Brücke auf die ruhig dahinziehende Saale, das rauschende Wehr und die schnatternden Enten lassen die Hektik des Alltags verfliegen. Neuerdings machen hier auch Nilgänse aus dem fernen Afrika Rast. Mit etwas Glück schwirrt ein bunt schillernder Eisvogel vorüber. Sein scharfes einsilbiges „Ziii" kündigt ihn an.

TIPP

Im Dunkeln schafft eine Nachtaufnahme der angestrahlten Brücke eine besondere Foto-Erinnerung.

Das Wasser der Saale bringt an heißen Sommertagen herrliche Abkühlung für erhitzte Füße. Das wissen auch die Radwanderer vom vorbeiführenden Saale-Radweg zu schätzen. Und wie wunderbar ist es, im nahen Biergarten am Wehr Platz zu nehmen. Hier, unter alten, Schatten spendenden Lindenbäumen, gibt es frisch Gezapftes und deftige Kost. Dazu der schöne Blick auf den Fluss und die Sonnenberge, das Rauschen des Wassers im Ohr – ein Urlaubsglücksgefühl. Kinder lassen gern Steine über das Wasser hüpfen oder suchen schönes Treibholz am Ufer. Ihr fröhliches Lachen schwirrt durch die Luft, und das alte Lied „An der Saale hellem Strande …" bekommt hier eine ganz aktuelle Bedeutung, während die ruhigen Wasser der Saale weiter ihren Lauf nehmen.

- Alte Brücke Burgau, Göschwitzer Straße, 07745 Jena
- ÖPNV: Tram 1, 3, Haltestelle Alte Burgauer Brücke

Vive la France

62

Jenas französische Backstube

Die französische Lebensart ist in der Grietgasse zum Greifen nahe. Ein Stück Paris im Stadtkern von Jena. Seit gut zehn Jahren betreibt der Jenaer Knut Plans alias „Maitre Carlos P." die französische Backstube samt kleinem Café hinter dem Capitol, dem ehemaligen Lichtspielhaus. Seitdem ist die Anhängerschaft französischer Backwaren in Jena beträchtlich gestiegen. Das ist gut sichtbar an der fast zum Erscheinungsbild gehörenden Warteschlange vor der Bäckerei. Der betörende Duft der frischen Backwaren zieht raus auf die Straße. Neugierige folgen ihm einfach. Und mit jedem Schritt, den die Schlange nach vorne rückt, nähert sich das kulinarische Glückserlebnis. Die Backstube präsentiert sich im stilvollen Retro-Chic. Die Verkaufstheken und Regale sind prall gefüllt. Neben verschiedenen Brot- und Brötchenkreationen liegen Baguette, Croissant und Brioche, Tarte und Quiche. Aber auch weniger bekannte Klassiker der internationalen Backschule finden guten Anklang. Italienische Focaccia und Ciabatta und der amerikanische Schokoladenkuchen namens Brownie haben es in die Regale im Verkaufsraum geschafft. Allesamt Mitbringsel aus den erfahrungsreichen Arbeitsjahren des Meisterbäckers in den USA. In Kalifornien und North Carolina lernte Knut internationales Back-Know-how von seinen italienischen und französischen Kollegen. All das Wissen wird nun von seinem 13-köpfigen Team vermischt, verrührt, verknetet und gebacken. In den Ofen kommen natürlich nur die besten Zutaten, meist aus der Region. Alle Backwaren werden in traditioneller und althergebrachter Handwerkskunst zu nächtlicher Stunde in den Ofen geschoben. Aufgebackene Fertigteigwaren, wie sie leider mehrheitlich in den vielen Aufbackstuben der Stadt zu finden sind, haben hier nichts zu suchen. Auch Konservierungsstoffe und künstliche Zusätze sind verpönt. Das beste Produkt entsteht mit Zeit und Liebe. Und das schmeckt man. Welch ein Glück für Jena und seine Bewohner.

TIPP

Café au Lait genießen und dabei Leute gucken.

- Französische Backstube, Grietgasse 10, 07743 Jena, Tel. (0 36 41) 8 76 17 99
- ÖPNV: Tram 1, 4, 5, Haltstelle Paradiesbahnhof

Bibliothèque du pain

Drollige oder Trollige?

63

Im Gassendorf Taupadel

Abgelegen, eigentlich im Nirgendwo, liegt das Dörfchen Taupadel. Glücklicherweise ist Taupadel ein Gassendorf. Das heißt, es gibt keine Durchgangsstraße und somit auch wenig lärmende Autos. Denn die passen so gar nicht zur Idylle des Ortes. Taupadel ist schön anzusehen. Die alte Dorfkirche wurde bereits im 13. Jahrhundert erbaut. Ein kurzer Bummel durch den putzigen Ort bringt einen schnell auf die Idee, hier dauerhaft leben zu wollen. Denn was will man mehr als satte Natur und wohltuende Ruhe?

Nur im Frühjahr, im Mai und Juni, wird es auch in Taupadel turbulent. Dann strömen unzählige Tagestouristen in den Ort – nur wegen einer kleinen Blume mit dottergelbem Blütenkopf. Die Trollblume, auch Goldköpfchen oder Butterkugel genannt, steht in voller Blüte. Aber nicht nur eine oder ein paar, nein, Hunderte, Tausende sind es. Die Pracht der Blume in der Masse ist wirklich beeindruckend und bietet herrliche Fotomotive. Auf mehreren Hektar breitet sich das blühende Spektakel aus. Das unter Naturschutz stehende Hahnenfußgewächs bedarf besonderer Pflege. Darum kümmert sich ein eigens dafür gegründeter Naturschutzverein. Der Verein und die Bewohner bitten alle Besucher um einen sorgsamen Umgang mit der Natur und den Bewohnern des Ortes. Die Wege sollten niemals verlassen werden, damit das sensible Biotop ungestört bleibt. Der Parkplatz gleich am Ortseingang ist perfekt für den Besuch. Aufmerksame Besucher entdecken neben den Trollblumen noch viele andere pflanzliche Raritäten. Zahlreiche Orchideen, darunter der Frauenschuh, mögen das freundliche Klima um Taupadel ebenfalls. Auch ausgewilderte Pfingstrosen zieren ab und an die Wegränder – ein blühendes Zeugnis, als die Region noch Anbaugebiet für Pfingstrosen war. Bis in das ferne Berlin wurden die Blumen geliefert.

Die schönsten Stunden in Taupadel sind am frühen Morgen, wenn noch der Nebeldunst über den Tälern liegt, oder die späten Abendstunden, wenn die Sonne flach steht und ihr goldenes Licht über die Felder streut.

TIPP

In der Pension Hüttich, direkt neben der Dorfkirche, lässt sich gut nächtigen.

- Taupadel, 07616 Bürgel, www.stadt-buergel.de
- ÖPNV: Bus 410, 431, Haltestelle Taupadel

Ein Quell des Lebens

64

Das Waldbad in Rückersdorf

Nur 30 Kilometer südlich von Jena liegt das Dörfchen Rückersdorf. Dieser Ort verfügt über eines der angenehmsten Freibäder in der Umgebung von Jena. Schon die Lage ist einmalig. Umgeben von wohlriechendem Nadelwald liegt das Bad an einem Berghang. Von hier aus tut sich ein herrlicher Blick in die Landschaft des Saaletals auf. Die Ausstattung ist eher rustikal, und die gesamte Anlage versprüht den nostalgischen Charme der DDR-Zeit. Doch gerade das macht den Reiz aus. Alles ist sauber und gepflegt und gut in Schuss. Es gibt sogar einen Bereich, in dem der Freikörperkultur gefrönt werden darf. Ungewöhnlich ist der Betreiber des Freibades, denn dahinter steht keine Gemeinde, sondern ein 36-köpfiger Verein, der sich um den Betrieb und die Pflege kümmert. Der Verein gründete sich im Jahr 2013, als klar war, dass die Anlage nicht mehr von der öffentlichen Hand finanziert werden sollte und eine Schließung bevorstand. Der Fortbestand des 1967 eröffneten Bades und dessen Erhalt mussten gesichert werden. „Ehrenamt macht glücklich", meint Konrad Stephan, langjähriges Mitglied des Vereins. „Und man macht es ja auch für die Kinder und ist ihnen gleichzeitig ein Vorbild." Recht hat er.

TIPP

Die Brombeerhecke plündern.

Denn was gibt es Schöneres, als an einem sonnigen Tag mit einem guten Buch auf der Wiese zu liegen, dem Rauschen der Baumwipfel und dem Vogelgezwitscher zu lauschen und sich bei Bedarf zu erfrischen? Aber Vorsicht! Die Becken des Waldbades werden jedes Frühjahr mit frischem Quellwasser aus der Uhlstädter Heide gefüllt. Die Quelle sorgt auch für beständigen Nachlauf mit Frischwasser. Dementsprechend niedrig ist die Wassertemperatur. Die 20-Grad-Marke wird im Sommer nur selten geknackt. Etwas Überwindung gehört also schon zum Sprung in die Fluten dazu. Doch nach ein paar Bahnen gewöhnt sich der Körper daran. Auch die wärmenden Gedanken an ein ausgiebiges Sonnenbad sind für Frostbeulen ganz hilfreich. Faire Eintrittspreise und das entspannte Vereinspersonal machen den Besuch in Rückersdorf zu einem vergnüglichen Erlebnis.

● Waldbad Rückersdorf, Rückersdorf 27, 07407 Uhlstädt-Kirchhasel, Tel. (01 72) 3 75 38 22, www.waldbad-rückersdorf.de

Blau, Gelb, Weiß

65

Freudentaumel im Ernst-Abbe-Sportfeld

Yeahhhh, Wahnsinn, Tooor!!! Wenn der FC Carl-Zeiss-Jena im Stadion spielt, das nach dem Sozialreformer Ernst Abbe benannt ist, sind die Fans des Fußballvereins zur Stelle. Sind alle Ränge gefüllt, haben über 10.000 Menschen Platz.

Das ist zwar nicht unbedingt bundesligatauglich. Aber es geht hier nicht um Masse, sondern um Klasse. Denn wenn die Fans des FCC ihren Verein nach vorne jubeln, dann herrscht im Ernst-Abbe-Sportfeld ein ganz besonderes Flair. Die Fans des FCC sind für ihre außergewöhnliche Fanchoreografie berüchtigt. „Blau-Gelb-Weiß, die Fahne von Carl Zeiss" ist einer der Schlachtgesänge, und der ist noch harmlos. Legendär ist der fingierte Torjubel der Jenaer Fans ohne Tor im Jahr 2018 beim Spiel des FCC gegen den FC Magdeburg. Dieser irritierte den Gegner so sehr, dass doch tatsächlich Sekunden später wirklich ein Tor fiel.

TIPP

Thüringer Bratwurst in der Halbzeitpause.

Manchmal fragt Frau sich allerdings schon, warum es ihre bessere Hälfte so dringlich zum Fußballspiel ins Stadion zieht. Darauf gibt es eine klare Antwort: Ein Fußballspiel ist eine der wenigen Situationen, wo man(n) seinen Gefühlen freien Lauf lassen kann. Ob Jubeln, Grölen, Tanzen, Schimpfen oder auch Weinen – alles ist erlaubt, ohne dass man(n) dabei komisch von der Seite angeguckt wird. Doch auch das weibliche Geschlecht findet immer mehr Gefallen an den 90 Minuten, auch wenn sich diese manchmal quälend lange hinziehen. So ist dennoch der ein oder andere Glücksmoment garantiert. Und wenn es nur das knapp verfehlte Tor ist, die Riesenchance in der 89. Minute oder das Fachsimpeln mit dem Standplatznachbarn. Fußball in der Oberaue ist und bleibt beliebt. Ob jung oder alt. Als Familienausflug oder als Laie. Die Stimmung im Stadion vor der Kulisse der Kernberge ist einmalig. Und das nächste Heimspiel wird sehnsüchtig erwartet. Da ist es vollkommen egal, in welcher Liga sich der Verein gerade herumtreibt. Die Unterstützung der Fans ist gesichert.

- Ernst-Abbe-Sportfeld, Oberaue 3, 07745 Jena, www.fc-carlzeiss-jena.de
- ÖPNV: Tram 2, 5, Haltestelle Ernst-Abbe-Platz

CARL ZEISS
JENA

Ein Löwe in Jena

66

Der Löwenbrunnen Am Breiten Stein

Östlich des Jenaer Markplatzes stehen glücklicherweise noch einige Häuser, die von alter Zeit zeugen. Da im Zweiten Weltkrieg nahezu die gesamte Innenstadt zerstört wurde, ist von der alten historischen Pracht nicht mehr viel zu sehen. Doch hier Am Breiten Stein, einem kleinen Platz umgeben von herrschaftlichen Wohnhäusern, bekommt man noch einen ganz guten Eindruck vom früheren alten Stadtkern. Und mitten auf dem Platz da steht ein Löwe. Besser gesagt der Löwenbrunnen. Er ist einer der wenigen und der älteste erhaltene Brunnen der Stadt. Viel ist nicht über die steinerne Skulptur bekannt. Auch ist der heutige Standort wahrscheinlich nicht der ursprüngliche, doch das ist nebensächlich. Am Breiten Stein kann man sehr schön verweilen, Sitzbänke laden dazu ein. Stolz reckt das Raubtier sein Maul gen Himmel. Es scheint, als wolle er mit einem lauten Brüllen auf die Pracht der ihn umgebenden Bürgerhäuser aufmerksam machen. Das Wasser rinnt beständig in ein kleines, vor ihm liegendes Steinbecken. Menschen eilen zügig durch die Gassen, Studenten zur nächsten Vorlesung. Nur wenige nehmen sich Zeit, an diesem besonderen Ort der Jenaer Stadtgeschichte zu verweilen. Der Blick auf die prachtvollen Fassaden der Bürgerhäuser aus dem 17. Jahrhundert zeigt so manches kunstvolle Detail wie feine Stuckornamente, wie sie nur damals unter fürstlicher Hofhaltung entstehen konnten. Das Oberreichsche Haus im Rücken der Skulptur oder das Trebitzsche Haus am Platz sind Gebäude von bekannten Jenaer Berühmtheiten. Es lohnt sich, wenn man sich die Zeit nimmt und den Blick für die kleinen Details schärft. Einfach mit einem Becher Kaffee auf einer Sitzbank Platz nehmen und in die spannende Jenaer Stadtgeschichte eintauchen. Wenn man die Augen schließt, hört man, wie schnaufende Pferde die schweren Fuhrwerke über das Kopfsteinpflaster zum Marktplatz ziehen, Studenten der Burschenschaften hitzige Diskussionen vor dem Gasthaus „Zur Noll“ führen und kreischende Kinder in dem Gassengewirr Fangen spielen. Bis der Löwe brüllt und der Tagtraum platzt.

- Löwenbrunnen, Am Breiten Stein, 07743 Jena
- ÖPNV: Diverse Trams und Busse, Haltestelle Löbdergraben

Im 17. Jahrhundert.
Am Breiten Stein.

Es klappert die Mühle ...

67 Unterwegs im Zeitzgrund mit seinen Mühlen

Auf 11 Kilometern verbindet der unberührte Zeitzgrund die Kleinstädte Hermsdorf und Stadtroda, etwa 20 Kilometer östlich von Jena. Wildromantisch zieht sich ein Wanderweg entlang des facettenreichen Zeitzbaches. Das Landschaftsschutzgebiet wartet mit einer üppigen Natur, frischer Waldluft und traumhafter Stille. Seltene Farne und Moose fühlen sich hier wohl, und das beständige Plätschern des Baches begleitet den Ausflug. Die Zeiten, in denen auf dem Zeitzbach noch Holz geflößt wurde, sind längst vergangen. Ein informativer Naturlehrpfad und ein toller Waldspielplatz auf der Trollwiese bereiten heute nicht nur den Kleinen Freude.

Der Weg führt vorbei an glasklaren Teichen, sattgrünen Weidewiesen, dichtem Wald und sechs historischen Mühlen, deren Geschichte teils bis in das 14. Jahrhundert zurückreicht. Der Zustand der Mühlen ist sehr unterschiedlich. Von der jüngsten aller Mühlen, der Neumühle, ist nur noch eine Ruine zu sehen. Hier haben es sich artgeschützte Fledermäuse gemütlich gemacht. Die Janismühle ist zu einem Reiterhof umfunktioniert worden und die Bockmühle zu einer kleinen Pension. Am schönsten klappert die Ziegenmühle am rauschenden Bach, denn das riesige Mühlrad wurde erst kürzlich saniert. Nach einer mehrstündigen Wanderung zu Fuß oder mit dem Fahrrad kommt die Einkehr in der Ziegenmühle gerade recht. Seit über 100 Jahren ist die Mühle Gasthaus und Sommerfrische für die ruhesuchenden Städter. Eine zünftige Brotzeit und ein kühles, frisch gezapftes Bier aus der hauseigenen Brauerei lassen schnell die Kräfte zurückkehren. Ein wohliges Urlaubsgefühl stellt sich ein und lässt einen tiefer in die Stühle rutschen. Die Kinder toben auf dem weitläufigen Mühlengelände und nutzen intensiv das Spielgerät. Die Vögel zwitschern, die Insekten summen, das Mühlrad klappert. Einfach nur schön!

TIPP

Brauereiführung mit Verkostung der hausgebrauten Biere.

- Zeitzgrund mit Ziegenmühle, Dorfstraße 111, 07629 Schleifreisen, Tel. (03 66 01) 94 19 41, www.ziegenmuehle.de
- ÖPNV: RB ab Jena West, Bahnhof Papiermühle

HOLZ
LÄNDER
SEIT 2012

Glückstaumel Pflanzenwelt

68 Boock: Bummel durch die Lieblingsgärtnerei

Wer Pflanzen liebt, fühlt sich in der Gärtnerei Boock im Ortsteil Jena Lobeda wie im Paradies. Die Fülle und Pracht aller erdenklichen Büsche, Bäume, Blumen und Sträucher ist überwältigend. Es scheint einfach alles zu geben, was die Natur an Schönheit und Reichtum zu bieten hat. Auf liebevoll angelegten Wegen und Pfaden bummelt man zwischen all den Pflanzen hindurch, lässt sich inspirieren für den eigenen Garten und findet bei den freundlichen Mitarbeitern stets ein offenes Ohr. In welche Erde pflanzt man einen Maulbeerbaum am besten? Welche Pflege benötigen Hyazinthen? Sind Ebereschenbeeren essbar? Niemand lässt sich hier aus der Ruhe bringen. Und warum nicht einmal über ein exotisches Gewächs im Garten nachdenken oder einfach ein paar Wildblumensamen erstehen, damit sich die Insekten im Garten wieder wohlfühlen!? Der Fantasie sind hier keine Grenzen gesetzt. Wer keinen eigenen Garten hat, kann jemand anderem eine prächtig blühende Staude schenken und eine Freude bereiten. Auch für unsere Kleinen ist gesorgt. Ein abenteuerliches Piratenschiff mit großem Steuer lädt zum Spielen ein, während die Eltern sich in Ruhe Gedanken darüber machen, welches Gewächs den Garten noch bereichern könnte.

TIPP

An der Kasse gibt es Seedballs mit verschiedenen Wildblumensamen. Einfach in die Erde stecken und überraschen lassen.

Am schönsten ist die Baumschule im hinteren Teil der Gärtnerei. Schon hochgewachsene Ulmen, Robinien und Eschen stehen dort, aber auch besondere Arten wie Henrys Linde, Blauglockenbaum oder Judasbaum. Eine Welt für sich. Wild. Ehrfurchtsvoll. Grün.

Warum macht Gärtnern eigentlich so zufrieden? Ganz einfach: Das viele Grün, die bunten Farben der Blumen und die Geräusche der Natur beruhigen uns, wirken entspannend und bauen Stress ab. Vor allem der Geist wird ruhig, die Gedanken können fließen – eine Art Meditation. Erwiesen ist, dass sich dabei sogar der Blutdruck senkt. Es liegt also auf der Hand: Gartenarbeit ist gesund und macht glücklich!

- Gärtnerei Boock, Stadtrodaer Straße 60, 07747 Jena, Tel. (0 36 41) 3 50 50
www.boock-gartenkultur.de
- ÖPNV: Tram 4, 5, Haltestelle Lobeda

In vino veritas

69 Der Käuzchenberg in Jena Zwätzen

Vor vielen Jahrhunderten war Jena weit über seine Grenzen hinaus für bekömmlichen Wein bekannt. Die geografische Lage am Ufer der Saale umgeben von sonnigen Muschelkalkhängen war geradezu prädestiniert für den Anbau der süßen Weinbeere. Irgendwann jedoch wurde der Weinanbau vernachlässigt. Die Gründung der hiesigen Universität soll zu einer Verschiebung der Einkommensstruktur in Jena geführt haben. Weinanbau war nicht mehr lukrativ. Kaum vorstellbar bei der trinkfreudigen Studentenschaft. Auf mehr als 700 Hektar wurde damals in und um Jena Wein angebaut. Heute sind es immerhin schon wieder 11 Hektar. Und ein besonders sonnenbeschienener liegt in Jenas Norden, am Käuzchenberg.

Die Jenaer Universität bewirtschaftete bis in die frühen 70er-Jahre hinein diesen Weinberg als Lehr- und Versuchsgut. Das war's dann mit dem Wein in Jena, erstmal. Findige Weinfreunde fanden sich Anfang der 90er-Jahre in einem Verein zusammen, bepflanzten den Berg von Neuem und betreiben bis heute den Zwätzener Weinberg. Der mittlerweile 19 Köpfe zählende Verein kümmert sich ganzjährig um die Rebstöcke. Müller-Thurgau, Weißburgunder und Dornfelder stehen am Berg und sorgen in guten Jahren für einen Ertrag von etwa 5 Tonnen. Daraus lässt der Verein knapp 10.000 Flaschen im Thüringer Weingut Bad Sulza keltern. Die feinen Tropfen vom Käuzchenberg sind sehr beliebt und finden Anklang in ganz Deutschland. Für die Vereinsmitglieder ist es wahres Glück, wenn nach einem kräftezehrenden Arbeitsjahr am Berg die Lese erfolgreich beendet wird und die Flaschen gut verkorkt in den Keller wandern. Wenn dann der Herbst Einzug hält, sich das Laub der Rebstöcke rötlich bis hellgelb färbt und die tiefer stehende Sonne das Saaletal in ein warmes Licht taucht, dann ist der Käuzchenberg ein wahrer Glücksort. Vereinsvorsitzender Reinhardt Bartsch hält sein Weinglas gegen die untergehende Sonne, blinzelt und sagt voller Zufriedenheit: „Ein toller Jahrgang ist das."

TIPP

An einer geführten Weinbergwanderung teilnehmen.

● Weingut Käuzchenberg, Jägerbergstraße 30, 07743 Jena
www.käuzchenberg.de
● ÖPNV: Tram 1, 4, Haltestelle Zwätzen

Richtig durchatmen

70 Schlendern am Gradierwerk in Bad Kösen

Hoch über dem beschaulichen Kurort Bad Kösen thront ein seltsames Ding. Es ist das weithin sichtbare Gradierwerk der Stadt. Mit einer Länge von mehr als 300 Metern und einer Höhe von gut 20 Metern bringt es das imposante Bauwerk auf eine beachtliche Größe. Was damals im 18. Jahrhundert lediglich zur Salzgewinnung diente, hat heute einen vollkommen anderen Nutzen. Über das Geflecht aus Schwarzdornreisig tröpfelt von oben herab die Sole, eine salzhaltige Flüssigkeit aus dem Untergrund. Ein knarzendes hölzernes Gestänge windet sich durch die schmalen Gassen und pumpt rund um die Uhr die salzhaltige Flüssigkeit aus der Solequelle hoch auf das Gradierwerk. Die Sole rieselt durch das Geflecht aus Reisig wieder herab und verdunstet dabei. An den Zweigen kristallisiert das Salz und kann geerntet werden. Doch ist das weiße Gold heutzutage so preiswert geworden, dass die Ernte sich nicht mehr wirklich lohnt. Interessanter ist da schon der wohltuende Nebeneffekt, der rein zufällig entdeckt wurde. Denn es stellte sich heraus, dass die Luft im nahen Umfeld des Gradierwerkes besonders günstig für die Gesundheit der Atemwege ist und somit eine heilende Wirkung bei solchen Erkrankungen hat. Welch ein Glück für das Gradierwerk und den Kurort. Denn so hat das mächtige Bauwerk bis heute, über die Salzgewinnung hinaus, seine Daseinsberechtigung und zieht zahlreiche Gäste nach Bad Kösen. In der autoberuhigten Zone rund um das Werk kann man hervorragend flanieren, bummeln, schlendern, relaxen. Die Atemluft ist merklich kühler, und ein feiner, wohltuender Nebelschleier legt sich auf die Haut. Tief einatmen und tief ausatmen. Der Körper fährt runter. Entspannung tritt ein. Das tut auch einem gesunden Körper gut. Wer von Höhenangst befreit ist, der kann das Gradierwerk sogar erklimmen. Ein atemberaubender Blick auf Kurort, Saale und Saaletal bietet sich von da oben. Nach der Aufregung in schwindelerregender Höhe kommt ein schönes Stück Torte im nahe gelegenen Café gerade recht.

TIPP

Wer das Gradierwerk besteigen möchte, sollte einen Regenponcho mitbringen.

● Gradierwerk Bad Kösen, Parkstraße, 06628 Bad Kösen
www.gradierwerk-bad-koesen.de
● ÖPNV: RB ab Jena Paradies, Bahnhof Bad Kösen

Summen im Kopf

71

Über die Landfeste hinein ins Paradies

Wie wäre es mit einem entspannten Stadtbummel am Wasser? Die Saale fließt breit und gemächlich mitten durch Jena. Die attraktive Flusslandschaft JenaSaaleParadies war Außenstandort der BUGA 2021 in Erfurt, und im Rahmen dessen wurde die historische Landfeste, eine Uferbefestigung zum Schutz vor Hochwasser, zwischen Camsdorfer Brücke und Paradies neu gestaltet. Damit erstreckt sich von der Landfeste über die Oberaue bis zum südlich gelegenen Saalebogen bei Göschwitz ein weitläufiger zusammenhängender Park, der sich zu Fuß oder mit dem Rad erkunden lässt. Oder mit dem Skateboard, denn auch die kommen auf den neuen glatten Wegen gut voran. Der Bereich Landfeste ist sehr weitläufig mit großen Wiesen für Sport und Spaß, aber auch ein paar Skulpturen und Gedenktafeln, damit die Geschichte der Stadt nicht vergessen wird. Wo es früher nur eine verwilderte Wiese gab, laden heute Sitzelemente und kreative Spielmöglichkeiten für Kinder zum Verweilen ein.

TIPP

Führungen mit schaurigen Storys und Anekdoten jeden Dienstag 14 Uhr und jeden Samstag 15:30 Uhr.

Ein ganz spannendes Objekt im Park ist der Summstein. Er steht auffällig groß am rechten Landfeste-Spazierweg in Richtung Paradies. Na? Bereit, es im Kopf summen zu lassen? Man steckt einfach den Kopf in eines des zur eigenen Körpergröße passenden „Kopflöcher" und beginnt zu summen. Die Lippen werden dabei am besten nur leicht geschlossen und ein angenehmer Ton gesucht. Gefunden? Nun kann es summen, und tatsächlich schwirrt schnell der ganze Kopf. Es vibriert ringsum, es rauscht im Kopf, tranceartige Zustände können durchaus erreicht werden. Die Vibration, die der Summton auslöst, ist vom Kopf über den Rücken und Bauch bis in die Füße zu spüren. Abgefahren. Eine Klangtherapie einfach mal so unterwegs. Denn dass Töne und ihre akustischen Schwingungen eine heilsame Wirkung auf den Körper haben, ist keine moderne Erkenntnis von Wellnessexperten, sondern wurde und wird vor allem in fernöstlichen Kulturen praktiziert. Summlöcher sind aber auch aus Höhlen auf Malta und aus mittelalterlichen Kathedralen in Südfrankreich bekannt.

- Landfeste mit Summstein, zwischen Camsdorfer Brücke und Paradies
  www.visit-jena.de
- ÖPNV: Tram 2, Bus 14, Haltestelle Steinweg

Bei den Ruhenden

72

Der Jenaer Nordfriedhof

Glück und Friedhof. Wie passt das zusammen? Gegensätzlicher kann es kaum sein. Glück, das passt doch nur zum Leben. Der Nordfriedhof in Jena kann jedoch durchaus glücklich machen. Denn die riesige, parkähnliche Anlage lädt zu ausgedehnten Spaziergängen in besinnlicher Atmosphäre ein. Das fast 21 Hektar große Gelände liegt in westlicher Hanglage und besticht durch seinen uralten Baumbestand und sehr gepflegte Grünanlagen. Ein feinsinniger Gestalter hat hier einen wunderbaren Ort nicht nur für die Ruhenden geschaffen. Baumalleen, Hecken und Rasenflächen bilden den Rahmen für einen weitläufigen Park. Harmonische Ruhezonen und zahlreiche Sitzbänke laden zum Verweilen und In-sich-Kehren ein.

Der Jenaer Nordfriedhof gehört zu den landschaftlich reizvollsten Friedhöfen in Deutschland und ist zugleich eine bedeutende kulturhistorische Anlage. Große Teile des Friedhofs stehen mittlerweile als Gartendenkmal unter Denkmalschutz. Um die 9000 Grabstätten sind auf dem Areal verteilt. Darunter ruhen auch so namhafte Jenaer Persönlichkeiten wie der Optiker Ernst Abbe und der Glastechniker Otto Schott. Das Grab von Otto Schott sticht förmlich heraus. Das aus mehreren riesigen unbehauenen Steinen gestaltete Grab erinnert an ein vorchristliches Megalithgrab, einen Dolmen. Auf der Runde lassen sich noch viele andere außergewöhnliche Grabbauten entdecken. Mal pompös, mal klassisch, mal originell. Genauso originell wie die damalige Auswahl an Vornamen. Interessant, wie viele davon in den letzten Jahren eine Renaissance erlebt haben.

Nach einem ausgedehnten Rundgang ist die Einkehr im Café mit dem so passenden Namen C'EST LA VIE ein wunderbarer Abschluss. Bei einer heißen Tasse Tee und einem Stück Kuchen ist die Welt doch in Ordnung. Übrigens: 20 weitere Friedhöfe warten in Jena darauf, entdeckt zu werden.

TIPP

Wochentags gehört einem der Friedhof fast allein.

- Nordfriedhof, Hufelandweg 4, 07743 Jena
- ÖPNV: Tram 1, 4, Haltestelle Nordschule

Auf die Leinwand gebracht

73 Ein Kinoabend im Schillerhof

Etwas außerhalb vom Stadtkern in Wenigenjena, wo ein Kino eher weniger vermutet wird, befindet sich in den Räumlichkeiten des historischen Schillerhofes ein kleines Programmkino. Bevor hier, unweit von Schillers Hochzeitskirche, anspruchsvolle Filme über die Leinwände des roten und blauen Saales flimmerten, wurden in dem beliebten Gasthaus gesellige Kegelabende auf der Bahn und nicht minder freudige Witwenbälle im großen Saal abgehalten.

Mittlerweile ist das Haus ein wahres Kleinod für echte Cineasten. Die Programmdirektoren und Inhaber Daniel Krischker und Christian Pfeil bringen seit 2007 Bekanntes, Klassisches und weniger Bekanntes aus dem nationalen und internationalen Filmzirkus auf die Leinwand. Halt alles, was es nicht in die großen Filmpaläste der Republik schafft. Dafür wurden die Betreiber schon ausgezeichnet. Auch für kleine Kinofans gibt es ab und zu etwas zu sehen. Besonders beliebt sind die Klassikabende im Schillerhof, bei denen der antike 35-mm-Filmprojektor entstaubt wird und zum Einsatz kommt. An jedem ersten Mittwoch im Monat rattert er ab 20 Uhr im Schillerhof. Dann heißt es Vorhang auf für Casablanca, Frühstück bei Tiffany oder Spiel mir das Lied vom Tod.

Schon beim Betreten des Kinos ist das gemütliche, familiäre Flair spürbar. Die Eintrittskarte – ein simpler Abriss von der Rolle. In den Sälen gibt es freie Platzwahl. First come, first served heißt die Devise. Und wer seinen eigenen Rotwein oder sonstiges Getränk und Knabbereien mit in die Vorstellung nimmt, der wird hier auch nicht schräg schaut, solange die Überbleibsel nach der Vorstellung entsorgt werden. Den obligatorischen Werbeblock vor dem Film gibt es auch im Schillerhof. Doch ist er kurz, knackig und bringt die Besucher manchmal zum Schmunzeln.

Nach der Vorstellung eignet sich das angeschlossene Café Schillerhof bestens, um den Film bei einem Glas Rotwein zu besprechen. Der Schillerhof in Wenigenjena steht für rundum gelungene Abende.

● Kino im Schillerhof, Helmboldstraße 1, 07749 Jena, Tel. (0 36 41) 2 68 80 81
www.schillerhof.org
● ÖPNV: Tram 2, Bus 14, Haltestelle Geschwister-Scholl-Straße

Schillerhof
KINO
IM SCHILLERHOF
& AM MARKT
JULI/AUGUST
AKTUELLES
KINOPROGRAMM
KINO
IM SCHILLERHOF
& AM MARKT
02.09. bis

Einfach traumhaft

74 Unterwegs im Reinstädter Grund

Es fühlt sich an wie im Urlaub: Mohnblumen leuchten am Rande von gelben Kornfeldern, dazwischen wachsen Sonnenblumen, die schmale Straße schlängelt sich über sanfte Hügel durch die Landschaft, begleitet von hell schimmernden Muschelkalkfelsen, im Hintergrund grüßt die Leuchtenburg von ihrem Berg. Egal, ob mit dem Auto, dem Fahrrad oder zu Fuß – eine Tour durch den Reinstädter Grund ist ein Genuss, eine Streicheleinheit für alle Sinne. Nur 20 Kilometer von Jena entfernt erstreckt sich dieses Naturhighlight zwischen den Ortschaften Bibra und Wittersroda und ist doch so unentdeckt, naturnah und ruhig. Romantische Wanderwege umgeben den Grund und die kleinen Dörfer am Wegesrand. Hier gibt es überall ein paar kulinarische Geheimtipps der Region zu entdecken. Im Dorf mit dem lustigen Namen Gumperda wird im Hofladen Wildwurst und selbst gebackenes Brot, aber auch Softeis verkauft. Der Hit ist der Waldmeistergeschmack. Im Ort Röttelmisch kann man hausgemachte Weine und Säfte der Obstweinkellerei probieren. Am liebsten gleich dableiben? Inhaber Alexander Pilling und Susanne Mohr haben in ihrem Hof liebevolle Ferienwohnungen im „alten Stil" eingerichtet – ganz ohne Schnickschnack oder mediale Ablenkung. Glück bedeutet für sie, die „Welt da draußen" auch draußen zu lassen. Ein paar Kilometer weiter schlummert das Dorf Reinstädt am Weg. Stopp – die alte Kemenate sollte man einmal umrunden. Jedes Jahr findet hier im Mai und Oktober der Reinstädter Landmarkt statt. Dann gibt es regionale Spezialitäten, originelles Kunsthandwerk und Live-Musik – ein Event, auf das sich der ganze Grund freut. Sich und anderen etwas Gutes tun, zusammen sein und das Leben genießen, darum geht es dabei. Am Ende der Strecke liegt Wittersroda, ein ebenso putziges Dorf, eingebettet zwischen Hügeln, der Reinstädter Bach plätschert hindurch. An der kleinen Barockkirche stehen hübsche Picknickbänke. Durchatmen und genießen.

TIPP

Die Landschwärmer-App bringt einen Audioguide aufs Handy.

- Reinstädter Grund, bei Kahla, zwischen Bibra und Wittersroda
- ÖPNV: Rundfahrt mit Bus 482 ab Jena Burgaupark West bis z. B. Reinstädt und zurück

Garten der Sinne

75 Skulpturenpark in Rauschwitz

Noch ziemlich jung ist der Skulpturenpark in Rauschwitz, dem Dörfchen zwischen Jena und Eisenberg. Doch zieht er jetzt schon zahlreiche Besucher an. Hier kann bestaunt werden, was alles aus dem Material Holz entstehen kann. Mal skurril, mal abstrakt, mal verwunschen ist das Ergebnis all der verschiedenen Holzkünstler, die hier aufeinandertreffen.

Erst im Hochsommer 2019 auf einem Symposium hatte Christian Schmidt, selbst bekennender, begnadeter und prämierter Kettensägekünstler, die Idee, einen Skulpturenpark in seinem Wohnort anzulegen. Denn Rauschwitz hat mehr zu bieten als die Windkrafträder am Horizont. Gesagt, getan. Klein fing es an, ging gut weiter und soll noch größer werden. Das Gelände lädt zum Wandeln durch die fantasievoll gestalteten, teils übermannshohen Skulpturen ein. Die Figuren sind so abgefahren, dass sie ihre Betrachter regelrecht in den Bann ziehen. Nur das Aufheulen einer Kettensäge holt alle Träume wieder in die echte Welt zurück. Sitzbänke, natürlich aus Holz geschnitzt, laden zum Verweilen und Ausruhen ein. Das Herzstück der Anlage ist eine hölzerne Freiluft-Kirche. Der Altar, die Engel und die massiven Sitzreihen beeindrucken durch ihre Formgebung. Ein internationales Team aus Ecuador, Russland, der Ukraine und den USA schuf dieses einzigartige Ensemble. Erst kürzlich wurde die Engelskirche eingeweiht. Sonntägliche Gottesdienste und exklusive Musikveranstaltungen sollen folgen. Doch nun ist erst einmal Kettensägesymposium. Über 20 Künstler aus dem gesamten Bundesgebiet reisen am letzten Juli-Wochenende nach Rauschwitz und lassen innerhalb von drei Tagen unter den Blicken interessierter Besucher ihre kunstvollen Skulpturen entstehen. Neugierige Fragen sind natürlich gestattet. An diesen Tagen legt der Park seine beruhigende Seite zwangsläufig ab und gibt die Bühne für die lärmenden Künstler frei. Dafür wird in den Wochen darauf der Skulpturen-Nachwuchs im Gelände sichtbar. Ach ja. Der Eintritt ist glücklicherweise frei.

TIPP

Picknick nicht vergessen.

● Skulpturenpark Rauschwitz, Alter Sportplatz, 07616 Rauschwitz

Endlich Hofpause

76

Mittagessen im Innenhof der Uni

Eine Pause im Innenhof des Uni-Hauptgebäudes ist ein Muss, wenn man durch Jena streift und das Flair der Universitätsstadt schnuppert. Wunderbar altertümlich mit Kopfstein gepflastert, einer Prise studentischer Jugend, einer Messerspitze intellektuellem Charme und einem Hauch Nostalgie gibt es etwa 100 Sitzplätze auf rustikalen Holzbänken, um hier bei schönem Wetter das Mittagessen zu genießen. Studenten sitzen mit ihren Laptops auf steinernen Treppenstufen oder an den Tischen, es wird geredet, philosophiert und diskutiert. Ein Ort, wo Wissen ausgetauscht wird, während nebenbei ein leckeres Mensa-Essen neue Kraft für die nächste Vorlesung gibt. Nudelgerichte, Salate, Currys, mit Fleisch oder ohne – der Speiseplan ist online einsehbar, und das Essen kann dort sogar bewertet werden.

TIPP

Seit 1999 findet hier im Sommer die Hofoper statt – mit abendfüllendem Programm unter freiem Himmel.

Nebenbei schweift der Blick über den Hof. Die pastellgelb getünchte Fassade ist weinumrankt, gusseiserne Laternen hängen im Arkadengang, in dem auch eine klassizistische Bronzestatue des „Gürtelbinders" von Mathieu Molitor nicht fehlt. An den Wänden prangen riesige Medaillons mit Namen gefallener Studenten aus dem Ersten Weltkrieg. Und Zitate von Bertolt Brecht wie dieses: „Das große Karthago führte drei Kriege. Es war noch mächtig nach dem ersten, noch bewohnbar nach dem zweiten. Es war nicht mehr auffindbar nach dem dritten." Selbst beim Mittagessen wird hier zum Denken angeregt und Geschichte gelehrt.

Den alten Trinkbrunnen hat 1908 Rudolph Reimann gestiftet „in dankbarer Erinnerung an seine vor fünfzig Jahren in Jena verlebte Studienzeit". Über einem der steinernen Becken steht, dass das alte Schlossturmdach dem haubenförmigen Brunnendach als Vorbild diente. Und was bedeutet der Spruch „Patriae inserviendo consumor" am nächsten Becken? Lateinstudenten wüssten es wohl, es heißt: „Ich verzehre mich im Dienst fürs Vaterland", ein Zitat von Otto von Bismarck, der zur Zeit des Brunnenstifters die Politik im Deutschen Kaiserreich bestimmte. Das ist lange her, doch eines bleibt: Jena ist eine wunderbare Studentenstadt.

- Innenhof Universität Jena, Fürstengraben 1, 07743 Jena, Veranstaltungen: Tel. (0 36 41) 9 41 42 30
- ÖPNV: Tram 1, 4, diverse Busse, Haltestelle Universität

Auslandsstudium | uni-jena.de/studyabroad
Internationales Büro | International Office

Gelbe Blütenpracht im Winter

77 Im Tal der Winterlinge bei Closewitz

Jedes Jahr gibt es gleich nördlich von Jena beim Dörfchen Closewitz ein Naturschauspiel der besonderen Art zu bestaunen – und zu erriechen. Denn im Februar und März blühen Millionen von verwilderten Winterlingen im Rautal bei Jena. Je nach Wetter- bzw. Schneelage kann es mal eher, mal später sein. Doch Ende Februar ist immer eine gute Zeit, um sich in den Märchenwald zu begeben. Zur Hochzeit der Blüte zieht es viele Wanderer und Spaziergänger in das Gebiet, doch unter der Woche hat man das Blütenerlebnis beinahe für sich allein. Bei Sonnenschein, frischer Waldluft und duftendem Blütenteppich ist der Frühling greifbar nahe, und das Wohlbefinden hebt sich spürbar nach den dunklen grauen Wintertagen. Auch wenn der Name der gelben Korbblütler etwas anderes verheißt, so steht der Frühling in den Startlöchern.

TIPP

Das Buch Closewitz und Umgebung, das Rautal und die Winterlinge lesen.

Das gelbe Blütenmeer bedeckt mittlerweile eine Fläche von 5 Hektar und ist somit die größte Ansammlung von Winterlingen in Mitteleuropa. Ungefähr sechs Millionen kleine gelbe Schalenblüten verzieren den Mischwald. Die vor Jahrhunderten aus den Alpen zugezogene Pflanze fühlt sich in den feuchten und schattigen Wäldern besonders wohl. Vor allem das Mikroklima des Jenaer Talkessels wirkt sich günstig auf die Verbreitung aus. Sogar die Wanderwege werden mittlerweile besiedelt. Deshalb immer achtsam sein und nicht die Blütenteppiche betreten, denn die Frühlingsboten stehen unter Naturschutz. Wer mit Kindern unterwegs ist, sollte sie im Blick behalten, denn der Winterling ist zwar schön anzusehen, aber auch giftig. Naschkatzen bereitet er Unwohlsein und Übelkeit. Auf dem 2 Kilometer langen Rundweg gibt es noch weitere Winterblüher zu erspähen. Ob Leberblümchen, Aronstab, Blaustern oder Buschwindröschen – alle fühlen sich im Rautal wohl.

Die Webseite der Gemeinde gibt Auskunft über den aktuellen Blütenstand. So sind Leerfahrten nach Closewitz überflüssig. Auch das nächste Festwochenende zu Ehren der Winterlinge wird hier angekündigt.

- Winterling im Rautal, 07751 Closewitz
  www.closewitz.de
- ÖPNV: Bus 292, 424, Haltestelle Closewitz

Wunschlos glücklich

78 Am Steg der Wünsche auf der Leuchtenburg

Scherben bringen Glück, sagt man das nicht? Auf der Leuchtenburg in Seitenroda bei Kahla, 20 Kilometer südlich von Jena gelegen, kann man sich glücklich werfen. Wie geht das denn?
Mitten auf der imposanten mittelalterlichen Burg wartet der „Steg der Wünsche" auf Besucher. Und Wünsche hat doch jeder. „Eine fliegende Badewanne", „jeden Tag ausschlafen" oder „keine roten Ampeln mehr" sind nur ein paar der unzähligen Bitten, die dort an einer Wand versammelt stehen. Bevor man wünschen darf, betritt man einen dunklen Raum, in dem verträumte Musik spielt. Hier darf man sich einen der neuen weißen Porzellanteller aus einer Schubkarre nehmen und eine Schwarzlichtkabine betreten. Denn das ist der Zauber des Moments: mit einem magischen Stift wird der Herzenswunsch auf den Teller geschrieben, die Schrift leuchtet, und der Wunsch ist nur in der Kabine sichtbar. Wieder im Tageslicht bleibt er anderen Augen verborgen. Denn anschließend tritt man ins Freie und schreitet über den 20 Meter langen „Steg der Wünsche" auf einen tiefen Abhang zu. Dort steht man nun, hoch über dem Saaletal, und darf den Wunschteller in die Tiefe werfen. Mit der Macht der Gedanken muss man sich dabei gut konzentrieren und fest an den Wunsch denken, damit er auch in Erfüllung geht. Pling!

TIPP

Wenn möglich, einfach mal – auch als Frau – in die Männertoilette spähen. So grün pinkelt Mann selten.

Doch nicht nur der Steg macht happy, die ganze Burg und die kreativen Ausstellungsräume machen Spaß. Alles ist zum Anfassen, zum Ausprobieren, weckt Neugierde. Virtuelle Figuren tanzen durch die Räume, eine Zauberwand entführt in eine magische Welt, überall werden Anekdoten erzählt und das Thema Porzellan völlig neuartig präsentiert. Da sage noch einmal jemand, Geschichte sei langweilig – nicht so auf der Leuchtenburg, wo man, um sie zu erfahren, regelrecht von einem Drachen verschluckt wird.
Verzaubert und mit einem Lächeln im Gesicht verlässt man am Ende eines ausgefüllten Tages die Burg, ein paar Greifvögel nutzen noch die Thermik am Berg, der Blick in die Ferne beruhigt die Seele – es ist einfach schön.

● Leuchtenburg, Dorfstraße 100, 07768 Seitenroda, Tel. (03 64 24) 71 33 00
www.leuchtenburg.de

Über Wasser gehen

79 Mit dem SUP über die Saale

Gemächlich schlängelt sich die Saale durch das Mittlere Saaletal. Entlang des Ufers wird Wanderern und Radlern jede Menge geboten. Doch wie sieht es eigentlich auf dem Wasser aus? In und vor Jena wird der Flusslauf durch mehrere Wehre unterbrochen. Ab Wenigenjena ist ein ungestörtes Vergnügen auf dem Wasser möglich. Ab und an sind Kanuwanderer zu sehen oder ein Junggesellenabschied auf einem wackligen Floß, Marke Eigenbau. Doch es gibt noch andere Optionen. In Jena Porstendorf, nur 8 Kilometer nördlich von Jena, kann man ein modernes Wassergefährt erproben. Auf dem Campingplatz Rabeninsel werden SUPs verliehen, Stand Up Paddles. Stehend, anfangs besser kniend, gleitet man förmlich über die Wasseroberfläche. Die wacklige Angelegenheit entwickelt sich nach einiger Übung zum Erlebnis. Anfänger starten besser im Porstendorfer See. Nach einigen unfreiwilligen Platschern ins Wasser sollte der Tanz auf dem Brett stimmen – ein gutes Gefühl. Glücklich und zufrieden geht es nun auf den ruhigen Seitenarm der Saale. Es klappt! Für Geübte empfiehlt sich ein weiterer Ausflug auf der Saale. Das Paddel in der Hand offenbart sich stromabwärts lediglich als Requisite. Ab und an kommt es jedoch als Steuer zum Einsatz. Im Stehen ergibt sich ein gänzlich neuer Blick auf die umgebende Natur. Biber, Eisvogel und Co. wundern sich schon länger über die seltsamen Bretter. Beliebt ist die Tour nach Camburg. Teilstücke der 12 Kilometer langen Wasserroute sind wunderschön naturbelassen, geradezu wild. Nur zwei Wehranlagen liegen auf dem Weg. Die sind aber schnell umlaufen. Zurück geht es nach Porstendorf mit dem Zug. Die federleichten Bretter sorgen beim Einstieg in den Zug für Aufsehen, und die Zugbegleiter staunen nicht schlecht. Und sollte es mal Ärger geben, ist die Luft schnell raus aus den Brettern.

TIPP

Am besten Badekleidung anziehen.

- SUP, Campingplatz Porstendorf, Rabeninsel 3, 07778 Neuengönna, Tel. (01 76) 31 37 20 97, www.saalifornien.de
- ÖPNV: RB ab Jena Paradies, Bahnhof Porstendorf

NAISH

Des Müllers Lust

80

Das Pennickental

Man könnte meinen, das Pennickental sei ein Tal unter vielen, wie es sie um Jena gibt. Doch das täuscht. Denn es hat wesentlich mehr zu bieten. Der Einstieg in das Tal zwischen Kern- und Johannisbergen liegt in Jena-Wöllnitz nur 4 Kilometer vom Stadtzentrum entfernt. Von hier aus geht es bis zum Plateau, der Wöllmisse, über 4 Kilometer stets leicht bergauf. Kurz hinter Wöllnitz verschwindet der kleine Weg hinter dichten, hochgewachsenen Bäumen. Der Lärm der Stadt entfernt sich mit jedem weiteren Schritt, und die Natur rückt näher und näher. Schließlich hat sie einen völlig vereinnahmt, und man glaubt nicht, dass die pulsierende Stadt eigentlich ums Eck liegt. Die Vögel singen, die Luft ist angenehm frisch, und der glasklare Pennickenbach kreuzt ab und an den Weg. Noch bevor man den Fürstenbrunnen passiert, liegt linker Hand ein ehemaliger Steinbruch. Hier wurde bis in die 80er-Jahre Travertin abgebaut. Der sorgt für ein strahlendes Lächeln, denn er wurde in der Zahnpasta-Produktion verarbeitet. Die seltsamen Namen der Brüche Blendax und Chlorodont zeugen noch davon. Das Gelände mit den großen Kalktuff-Vorkommen ist mittlerweile ein Naturschutzgebiet. Am Fürstenbrunnen, der eingefassten Quelle des Pennickenbaches, kann man wunderbar Rast halten. Sitzgelegenheiten, frisches Quellwasser und das mitgebrachte Picknick stärken für den weiteren Weg. Doch nun hat man die Qual der Wahl. Der einfachste und kürzeste Weg ist der Abstieg nach Wöllnitz und die Einkehr bei hausgebrautem Weißbier in die Wöllnitzer Talschenke. Seit fast 30 Jahren wird in der Talschenke wieder das Obergärige gebraut und traditionell mit Kümmelschnaps aufpoliert. Wer noch weiter wandern will, kann den Weg zur reizvollen Saale-Horizontale bis nach Ziegenhain einschlagen. Aber auch der Aufstieg zur Wöllmisse und weiter in alle Himmelsrichtungen ist möglich. Die Grundvoraussetzungen sind perfekt. Man muss nur noch gute Laune mitbringen.

TIPP

Im Muschelkalk lassen sich Fossilien finden.

- Pennickental, 07749 Wöllnitz
- ÖPNV: Tram 1, 4, Haltestelle Wöllnitz

Bibliografische Informationen der Deutschen Nationalbibliothek
Die Deutsche Nationalbibliothek verzeichnet diese Publikation in der Deutschen Nationalbibliografie; detaillierte bibliografische Daten sind im Internet über http://dnb.d-nb.de abrufbar.

Konzeption/Satz: Droste Verlag, Düsseldorf
Einbandgestaltung und Illustrationen: Britta Rungwerth, Düsseldorf, unter Verwendung von Bildern von © Fotolia.com: jd – photodesign.de; © iStock: Plociennik Robert
Fotos: Juliane Israel, außer:
S. 13: Kletterwald Koala; S. 21: Christoph Worsch; S. 29: Toskana-Therme Bad Sulza; S. 43: MEK-Jena49 e.V.; S. 61: Matthias Frank Schmidt; S. 69: Katrein Brenner; S. 85: Weingut Proppe; S. 93: Bruno Mader / www.stock.adobe.com; S. 97: Rawida Thai Spa & Massage; S. 101: Wasserturm Großheringen; S. 109: Paintball Jungle Tautenhain; S. 117: Botanischer Garten Jena; S. 121: Jens Klingebiel / www.stock.adobe.com; S. 133: Jutta Kalbitz; S. 157: Christian Buch; S. 163: Leuchtenburg; S. 165: Saalifornien

FSC www.fsc.org MIX Papier aus verantwortungsvollen Quellen FSC® C011279

Druck und Bindung: LUC GmbH, Greven
ISBN 978-3-7700-2349-3

www.droste-verlag.de